A DOce aÇÃO

Edleia Lopes

A DOce aÇÃO

Escolhendo aceitar e acolher novos desafios

Edleia Lopes

1ª edição

Curitiba
2011

editora
ESPERANÇA

A DOce aÇÃO

Escolhendo aceitar e acolher novos desafios

Edleia Lopes

Coordenação editorial: Claudio Beckert Jr.
Edição: Sandro Bier
Revisão: Josiane Zanon Moreschi
Capa: Sandro Bier
Diagramação: Josiane Zanon Moreschi

1ª edição: 2011 - Reimpressão: 2021

Dados Internacionais de Catalogação na Publicação (CIP)
(Câmara Brasileira do Livro, SP, Brasil)

Lopes, Edleia
A doce ação : escolhendo aceitar e acolher novos desafios / Edleia Lopes. -- 1. ed. -- Curitiba, PR : Editora Esperança, 2011.

ISBN 978-85-7839-067-9

1. Adoção 2. Educação de crianças 3. Filhos adotados 4. Filhos - Criação 5. Histórias de vida 6. Pais e filhos 7. Relacionamento familiar 8. Vida cristã I. Título

11-04005 CDD-248.4

Índices para catálogo sistemático:
1. Filhos adotivos : Convívio : Vida familiar : Vida cristã : Cristianismo 248.4

Editora Evangélica Esperança
Rua Aviador Vicente Wolski, 353 - CEP 82510-420
Curitiba - PR
Fone: (41) 3022-3390
comercial@editoraesperanca.com.br
www.editoraesperanca.com.br

editora ESPERANÇA para uma vida melhor

ASEC Associação de Editores Cristãos

Ao meu filho caçula, que tem sido em minha vida um instrumento usado por Deus para inspirar e revelar o amor incondicional que ele tem por nós.

Agradecimentos

Há momentos em que dizer obrigado parece ser algo extremamente pequeno diante de tudo o que nosso coração deseja expressar.

Acredito que a gratidão verdadeira vai tomando forma através do convívio diário, dos pequenos atos, das oportunidades corriqueiras de transformar em ação os sentimentos que dizemos experimentar.

A gratidão é extraordinária e extrapola o tempo, vai além, muito além do que possamos imaginar. Não envelhece nem caduca. É nobre, não se desgasta, não se deixa corroer, mesmo sob as intempéries da vida. E sempre que é relembrada, tem o extraordinário poder de trazer à tona as mesmas sensações de prazer e alegria que provocou no momento em que nasceu.

Meu desejo é transformar em atitudes o sentimento de gratidão que carrego pela vida de cada um que contribuiu para que esta obra se concretizasse:

- Os muitos amigos que me incentivaram, cujas palavras foram como o sol de primavera, que faz desabrochar vida e cor.
- Meus familiares, em especial meus irmãos, que contribuíram com críticas e sugestões preciosas. Como é bom ter vocês!
- Meus dois filhos mais velhos que, com um simples olhar ou apenas com um sorriso, são capazes de animar e encher minha vida com a mais pura e ardente esperança!

- Meu marido, amigo incomparável, grande amor da minha vida, extraordinário "parceiro de cozinha", que tem temperado nossa vida com boas pitadas de coragem e determinação.
- A Deus, o Pai que me adotou, mesmo sabendo quem eu sou. Uma eternidade será pouco para agradecer tanto amor!

Sumário

1

A arte de transformar

As lembranças transitam claras e vivas em minha mente. Tão fortes que quase posso sentir o cheiro das caldas adocicadas exalando suavemente perfumes diversos pelo ar: caju, goiaba, banana, figo... Não somente a cozinha, mas a casa inteira se enchia com aqueles cheiros espetaculares de doces caseiros sendo feitos no fogão à lenha e cozidos em tachos enormes. Que delícia! Que saudade!

Na minha infância, não eram comuns chocolates, sorvetes ou tortas diversas como sobremesa. A grande pedida era um bom doce de frutas da estação. Delícias que têm se tornado cada vez mais raras nos dias de hoje.

Uma cozinha enorme!

Muitas vezes é com isso que comparo a vida. Uma grande cozinha, lugar de sabores diversos, de aromas desejáveis, de momentos marcantes e especiais. Lugar de arte.

Sim, em minha opinião essa é uma bela arte! Uma das mais especiais que conheço, que envolve sempre o delicioso processo de transformação. O alvo é transformar algo que já é bom em alguma coisa ainda melhor.

Dificilmente encontramos alguém que não se deixe encantar por essa arte, que apesar de tão comum, é também cheia de riscos e exige atenção constante. Ela requer ainda muita criatividade, flexibilidade, improviso, consciência, disciplina e uma boa dose de responsabilidade.

Por isso, acho que, muitas vezes, não a apreciamos como de fato deveríamos, pois ao saborearmos algo delicioso, dificilmente nos lembramos do processo longo e cuidadoso que a envolveu, talvez com o esforço de várias pessoas, para que o saciar dos nossos desejos se concretizasse. Normalmente dizemos apenas: Hummm!!! Que delícia!!!! Mas dificilmente vamos além disso. Nada mais natural, pois se fôssemos filosofar sobre tudo de bom que degustamos ficaríamos loucos.

Se pensarmos um pouco sobre os cozinheiros, que na verdade são os grandes artistas nessa arte, vamos notar que existe uma diversidade enorme deles. Porém, nos últimos anos, um estilo específico tem me chamado a atenção: aqueles que, a despeito de toda modernidade, ainda se deliciam com as receitas cada dia mais raras. Os cozinheiros que preparam doces cítricos, por exemplo.

O que nem todos sabem é que grande parte desses doces precisam passar por um processo longo e artesanal para que fiquem de fato saborosos e desejáveis. Os meus favoritos, doces de laranja, limão e cidra, se não receberem um tratamento adequado e diferenciado, ficam simplesmente intragáveis, amargos, independentemente da quantidade de açúcar adicionado à calda. Sim, para se fazer um bom doce de frutas cítricas, há toda uma ciência, que muitas vezes pode levar dias, e que exige dedicação e técnica.

O cozinheiro consciente sabe que o preparo deve ser realizado com cuidado e total atenção. Tudo é importante, desde o delicado processo de tirar das frutas as cascas ásperas e grossas que podem influenciar negativamente no sabor, até a escolha de cada ingrediente que fará parte da receita. É necessária muita paciência para que o resultado final não seja uma grande decepção.

Quando digo que às vezes comparo a vida a uma grande cozinha, é que em muitos momentos encontro semelhança entre a arte de cozinhar e a arte de viver. Talvez porque, sob essa perspectiva, o processo de transformação que acontece em ambas, em alguns momentos é muito semelhante.

Se compararmos a culinária, por exemplo, à arte de educar, criar um filho, encontraremos alguns pontos em comum. Ambas nos remetem a uma tarefa arriscada, que exige atenção constante, e o resultado final vai depender de inúmeros fatores durante o processo. Desde a "cozinha" e seus equipamentos, até a qualidade de cada "ingrediente" que fará parte dessa mistura. Sem desprezar, é claro, a destreza e criatividade do cozinheiro.

Criar filhos é uma arte que, em minha opinião, mais se parece com o preparo de um bom doce caseiro de frutas cítricas. Não é tarefa para qualquer um, não é algo simples de se fazer. Não é uma receita que basta ser colocada na medida certa no liquidificador e levada ao forno por tempo pré-determinado, e pronto: logo está cheirando bem e mexendo com nossos sentidos. Não são do tipo de doces práticos, fáceis e rápidos, bastante desejáveis em tempos modernos, pois não demandam muito tempo e exigem muito pouco do cozinheiro.

Não. A arte de criar e amar um filho definitivamente não é uma receita comum.

E essa receita se torna ainda muito mais desafiadora quando esse filho não é biológico. É algo especial! É uma receita nobre. Daquelas que não podem ser feitas em um recipiente qualquer. Não pode ser em uma refratária, ou no forno de microondas; precisa ser preparada sem pressa, no ambiente adequado, usando os utensílios apropriados, e certamente exigirá muita técnica do "cozinheiro".

Desejar ser pai ou mãe e se dedicar à tarefa de amar e educar um filho é algo que vem envolvido por um intrigante encanto, pois grande parte dessas pessoas tem consciência do risco real que correm ao se empenharem no preparo dessa "receita". Sabem que o sonho cheio de doçura pode se transformar em uma amarga frustração. Mas, ainda assim, uma paixão maior as impulsiona e as estimula a se moverem com ousadia e coragem, em busca da desejada conquista.

Filhos. Biológicos ou não, serão sempre um grande e maravilhoso mistério!

E em se tratando de adoção, a grande questão que envolve a maioria das pessoas é: será que vale a pena? Será que é mesmo possível? Qual o valor de lançar-se sobre uma "receita" tão complexa, que normalmente vem atrelada a um considerável conjunto de riscos?

Isso é verdade. É uma realidade que não podemos desprezar. Mas podemos dizer que, da mesma forma que entre muitos cozinheiros, há aqueles com habilidades para prepararem "receitas especiais", nobres e mais complexas, como um doce de frutas cítricas, por exemplo. Assim, também, acredito que há entre aqueles chamados para serem pais, os que são escolhidos para viverem o processo de adoção.

Nossa família está envolvida no preparo dessa doce receita. Temos o privilégio e o desafio de viver a história de uma adoção. Em especial, meu marido e eu, é claro, temos encarado com muita disposição esse desafio que vem encharcado de emoção.

E por ser uma receita de grande responsabilidade, entendemos que esse "doce" não teria o mesmo sabor se nós não o estivéssemos preparando em parceria, a quatro mãos, sendo bons colegas de cozinha.

Meu desejo é compartilhar nossa experiência. Esse propósito existe há tempos. Logo nos primeiros dias com nosso filho, percebi o quanto seria bom poder registrar momentos interessantes, situações marcantes, experiências relevantes; as festas das conquistas, as dores das decepções, as angústias provocadas pelas incertezas, enfim, esclarecer para muitos que se interessam em saber o que de fato é adoção. E talvez, estimular outros a viverem essa experiência, ou encorajar aqueles que já estão experimentando o processo.

No entanto, era preciso esperar, ver o tempo correr, viver os bons e os maus dias. Mais que isso, na verdade minha intenção era escrever quando tudo estivesse gozando de plena ordem, alegria e satisfação. Ou seja, eu estava aguardando um epílogo sonhado em contos de fadas para terminar as últimas páginas do livro escrevendo: "E viveram felizes para sempre!".

Só que não demorou muito para que eu descobrisse que as coisas não eram tão simples assim. Logo percebi que não podia esperar um "final feliz" para registrar essa história. Primeiro, porque não temos como garantir quando, onde, ou na vida de quem os "finais felizes" irão acontecer. Segundo, porque apesar do forte desejo de vivê-los, a maioria dos "finais felizes" que grande parte de nós imagina, é cheia de fantasia e perfeição e só existe nos romances.

Assim, o que deveria fazer era me despir dos sonhos, e com os pés bem firmados na terra, enxergar as dezenas de "finais felizes" que já tínhamos vivido, mesmo em meio a muitas lutas, e compartilhá-los. A partir daí, então, comecei a registrar um pouco dessa realidade profunda e especial que é a adoção.

Longe de mim tentar escrever um manual de vida, regras e preceitos para quem pretende adotar, ou para quem está lidando com adoção. Decididamente essa não é minha intenção. Meu desejo é tão somente compartilhar o que vivemos até aqui e assim, talvez, ser útil para animar, orientar, estimular ou consolar quem está envolvido com essa experiência.

Mais que isso, meu intuito é fazer com que essa história sirva de estímulo para você enfrentar desafios diversos, independentemente da área de sua vida. O fato do desafio experimentado por minha família e eu ser a adoção, não significa que quero tratar apenas com pessoas que adotaram ou pretendem adotar um filho. De forma alguma. Meu desejo é fazer com que você se sinta encorajado a enfrentar barreiras diversas, superar obstáculos que se colocam em várias áreas de sua vida, ou investir em projetos grandes e especiais.

O propósito deste livro é encorajá-lo a viver seus sonhos, a correr atrás dos seus objetivos, é estimulá-lo a nunca desistir, é fazer com que você sinta que vale a pena pagar o preço de encarar desafios para alcançar seus alvos.

O intuito também é fazer com que você se lembre de que nenhum projeto que Deus colocou em seu coração será maior do que as forças que ele mesmo lhe dará para lutar. Não importa se esse projeto é uma adoção, um casamento, um relacionamento novo, um filho biológico, talvez os filhos de outro casamento do seu cônjuge que você precisa acolher; ou quem sabe seu projeto está em outra área, como um novo trabalho, um curso, uma ONG, um ministério, enfim, seja o que for, se Deus está plantando o sonho, no tempo certo, ele mesmo proverá cada um dos ingredientes necessários para que essa "receita" se torne realidade e venha encher não somente sua vida de sabor e doçura, mas também a vida de todos aqueles que o cercam.

A expectativa é que as experiências compartilhadas nas próximas páginas sirvam como injeção de ânimo e esperança para ajudá-lo a viver os desafios que têm se colocado diante de você; na plena certeza de que há um Deus que está no comando, mesmo quando tudo parece tão confuso aos nossos olhos.

Que haja encorajamento e disposição de empenhar-se em projetos nobres. Que como um grande *chef*, você se sinta estimulado a preparar pratos novos, diferentes, capazes de dar sabores inusitados à vida. Que não haja contentamento apenas em experimentar "receitas" simples, fáceis, práticas e triviais, mas que, pela fé, você se revista de ousadia e coloque para aquecer, em chama alta e vibrante, velhos sonhos guardados.

Meu desejo é que essa leitura ajude a acrescentar um tempero novo na vida de muitos. E que a doçura de ingredientes, como paciência, prudência, perseverança e disposição, provoque uma explosão de sabores na história insípida do cansado e desanimado.

Que o desafio de viver uma vida de adoção invada sem licença ou cerimônia a alma do desmotivado. E que esse estilo de vida gere abundância de doçura nos dias que virão.

2

A doce ação

Gostaria de deixar ainda mais claro o que quero dizer ao usar o termo "a doce ação", ou o que, de fato, essa expressão significa para mim.

Como qualquer ser humano, tenho vivido experiências difíceis, porém, situações que são comuns e que fazem parte do dia a dia e da história de muitos. E quanta coisa tenho aprendido no decorrer desses anos! Quantos vales minha família e eu tivemos que atravessar. Quantos momentos de medo e incertezas tivemos que encarar. Quantas vezes a convicção de que apesar do cansaço, da falta de esperança e até do desânimo, o que deveríamos fazer era continuar caminhando, ou marchando, como o próprio Deus ordenou a Moisés diante do aparentemente instransponível Mar Vermelho.

E ao contemplar o passado, uma convicção se solidifica: como precisamos da graça e da misericórdia de Deus nos acompanhando constantemente! Jamais conseguiríamos sozinhos. Jamais seríamos capazes de atravessar tantos desertos se não fosse a companhia bem presente e inconfundível do Senhor, sendo nossa sombra durante os dias mais quentes e sufocantes, e a nossa luz cheia de calor em meio às noites mais escuras e frias.

A certeza é de que nossa alma pode gritar com todo o fôlego que possui: "Ah! Se não fora o Senhor! Se não fora o Senhor!"

Aprendi de maneira muito clara que experimentar a dor é algo necessário. Apesar de não desejarmos nunca ter que enfrentá-la, ela é de extrema importância, pois exerce um papel de grande valor não somente em nosso caráter, mas também em nossa saúde espiritual. Talvez, exagerando um pouco, diria que a dor é até algo fundamental para cada um de nós, pois nos torna mais humanos, mais solidários, mais humildes, mais dependentes, mais gente, mais sensíveis, tanto às necessidades de outros quanto à voz de Deus.

Não é sem razão que o salmista diz: *Foi bom para mim ter sido castigado, para que aprendesse os teus decretos* (Sl 119.71). Ele sabia muito bem que aquele que vive na dependência e direção do grande Deus, além de experimentar o socorro do Senhor em meio às suas angústias, não se levanta da queda com olhar altivo ou cheio de orgulho, mas quebrantado e contrito. E quebrantamento e contrição geram um bem enorme à alma, funcionam como adubo, tornando-a terreno propício para gerar os sonhos de Deus.

Já ouvi algumas vezes a afirmação de que nós normalmente entendemos com mais propriedade uma situação, uma dor, uma dificuldade ou um desafio incomum, quando, em algum momento, vivenciamos isso em nossa própria pele. E cada dia percebo que essa é, de fato, uma grande verdade. Não foi sem razão que o Senhor permitiu que seus profetas, seus escolhidos, seus mui amados experimentassem realidades amargas e cruéis. Sem dúvida, cada uma dessas experiências os enchia de autoridade para falar sobre o que é se submeter aos cuidados do Pai em meio à profundeza da dor e ao caminho tão indesejável do sofrimento.

Através da experiência da adoção, Deus nos deu o privilégio de viver de perto a dor que se instala no coração de um ser humano diante do abandono. Ele nos mostrou e tem mostrado, a cada dia, o quanto o amor, o afeto, o olhar, o toque, o abraço, o carinho, o beijo, a palavra, o sorriso são essenciais para cada um de nós.

Ele tem nos ensinado que é praticamente impossível viver sem essas manifestações tão simples, mas intrigantemente vitais para nossa sobrevivência. Ele tem nos mostrado que elas são remédio, são fonte de vida, e que apesar de serem gratuitas e estarem ao alcance de qualquer um, têm sido tão escassas na vida de tantas pessoas. Não somente das que vivem abandonadas em um abrigo, ou sozinhas em algum lugar, mas para nossa tristeza e espanto, elas têm sido escassas na vida de gente que se diz vivendo em família, em lares considerados estruturados e felizes.

O fato de convivermos tão de perto com alguém que experimentou essa dor, nos sensibiliza a olharmos com mais cuidado e misericórdia para outros que estão trilhando o mesmo caminho. Isso é uma realidade.

Veja se não faz sentido. Quem passou pelo sofrimento de uma enfermidade de fato muito grave, ou conviveu com algum querido que teve que enfrentar uma luta nessa área, sabe o que é trilhar diariamente o caminho da dor e da incerteza. Os dias dessas pessoas parecem nascer sempre mesclados de medo e angústia. Em função desse desconforto constante, elas se tornam automaticamente mais sensíveis ao sofrimento e à dor de quem enfrenta tal luta.

No geral, quem já sofreu uma perda realmente significativa é capaz de avaliar quão profundo pode ser o vazio que se instala no peito. Esses saberão dimensionar, com muito mais propriedade, a dor de alguém que se sente abalado pela perda abrupta e impiedosa que às vezes invade a vida sem licença ou cerimônia, deixando um rasto de desolação e uma lacuna de proporções incalculáveis, que no auge da dor, parece impossível de ser suprida algum dia.

Quem já experimentou o desprezo e abandono, é capaz de enxergar a profundidade da ferida que se aloja na alma; ou a extensão do sentimento de inferioridade e insegurança que insiste em tomar conta da mente justamente nos momentos mais suscetíveis da vida.

Via de regra, quem já passou pela decadência financeira, profissional ou social, conhece as lutas diárias que precisam ser vivenciadas para se adequar à nova realidade de vida. Essas pessoas sabem exatamente quantas barreiras precisam ser superadas, justamente quando se tem tão poucas forças: vergonha, dor, medo, insegurança, raiva, revolta. Dessa forma, conseguem enxergar, com maior clareza, as lutas de quem vive algo semelhante.

Só quem alguma vez já se perdeu ou se sentiu sem rumo, sozinho, sem direção, sem bússola, é capaz de entender, com profundidade, a sensação torturante de não enxergar o caminho, a saída, ou sequer um rosto conhecido para lhe devolver a mínima esperança de direção. Sim, muitos dos que já se sentiram perdidos se preocupam com aqueles sem direção.

Geralmente, quem já trilhou o caminho escuro, triste, confuso e cheio de temores provocado pela depressão, sabe o que é viver em um mundo cinza, sem cor, luz, vida; um mundo sem graça, sem sonhos, projetos, em que não existe a mínima expectativa para com o amanhã. Quem experimenta desse cálice, torna-se mais sensível para com aqueles que enfrentam esse tipo de sofrimento.

Compreenderá melhor o que enfrenta a dependência química, aquele que já enfrentou ou enfrenta no dia a dia, o dilema da bebida, das drogas ou de um vício qualquer. Tal pessoa entende o que é viver sempre sob pressão, debaixo de uma ameaça constante e invisível, em um clima de alerta total, como se estivesse sempre à espera degradante de que algo difícil e doloroso aconteça ou se repita mais uma vez.

O que já experimentou a traição é capaz de dimensionar quão aguda essa dor pode se revelar. E como ela pode ser cruel! Ela vai dilacerando sem piedade, com frieza premeditada, laços, afetos, confiança, sonhos, amizades, relacionamentos e até amor. Definitivamente, quem um dia foi traído, não importa em que área da vida, saberá compreender o sabor indesejável que esse ato é capaz de provocar no corpo e na alma de quem o experimenta.

Quem já viveu a reprovação, a inadequação, a sensação de incapacidade e de total limitação, pode compreender, com precisão, quão horríveis e desconfortáveis esses sentimentos podem ser. Quão miseráveis eles nos fazem sentir! E ao perceber alguém tendo que trilhar o mesmo caminho, provavelmente se compadecerá.

Famílias que experimentam com ansiedade a lentidão impiedosa e fria da uma fila para transplante de órgãos, entendem a necessidade de uma mobilização maior para conscientização de novos doadores, e o valor indizível de um ato de doação.

Normalmente, aquele que vive diariamente em um campo de batalha, uma guerra dentro da própria casa, em um ambiente cheio de intrigas, falsidade, desconfiança e perseguição, pode entender o que é ter fome de paz e sede de justiça. E assim, poderá, sem muita dificuldade, entender outros que atravessam o mesmo dilema.

Fato é que o convívio com a dor, seja em nossa própria pele ou na vida daqueles que de fato amamos, nos faz enxergar melhor a dor do outro, o que talvez jamais enxergássemos; e nos torna mais sensíveis para o sofrimento na vida de pessoas com quem, em outro momento, talvez não fôssemos solidários.

O melhor é que em algumas pessoas, essa dor deixa de ser um sentimento estático e se transforma em ação. Há um desejo de fazer algo para amenizar o sofrimento que se vê alguém enfrentar. Dor que nós mesmos um dia experimentamos e sabemos o quanto seria bom, naquela ocasião, se tivesse surgido alguém para aliviá-la.

Dor. Sofrimento. É impossível vivermos sem experimentá-los. Mas o grande desafio está não em repudiá-los, ou procurar de todas as formas nos afastarmos deles. Tenho aprendido que a verdadeira sabedoria está em adotá-los.

Não adotá-los como algo repleto de prazer e desejável, mas adotá-los na expectativa cheia de fé de que tudo pode ser transformado. Na verdade, no processo de adoção, o que acontece é isso. Alguém que foi preterido, indesejado ou abandonado, é agora acolhido, na expectativa de mudança, de transformação. Ninguém adota uma pessoa sem a esperança de que algo novo e melhor aconteça na vida dela. Há sempre uma expectativa viva e vibrante de que coisas maiores e melhores venham a partir daquele ato de adoção.

Adotar nossas dores, lutas e dificuldades funciona mais ou menos assim: é como se nos dispuséssemos a viver uma doce ação de aceitação e submissão diante da realidade que nos alcança, que muitas vezes é bem diferente do que sonhávamos ou desejávamos. Acredito que o melhor que podemos fazer é adotar nossos desafios para transformá-los. Adotá-los, para enfrentá-los olhando nos olhos. Adotá-los para fortalecermos nossos pontos vulneráveis.

Talvez isso esteja soando de forma totalmente desconfortável aos seus ouvidos. Adotar um sofrimento, um desafio, uma luta? Sim, adotá-los. Porque entendo que enquanto não aceitarmos nossa realidade, não nos prepararemos adequadamente para lutarmos contra ela. Repito, adotar não no sentido de desejar e se subjugar, mas de encarar e procurar transformar.

Adotar no sentido denotativo da palavra. Observe os muitos significados a que essa palavra nos remete: optar, escolher, preferir, abraçar, aceitar, acolher, seguir, assumir, admitir, reconhecer, tomar por filho, legitimar.

Enquanto um atleta não adota suas limitações, não se conscientiza da necessidade de um treinamento específico e disciplinado. Enquanto ele as rejeita e despreza, estará sempre perdendo a batalha.

Um casamento falido jamais poderá ser restaurado enquanto ao menos um dos cônjuges não decidir que é preciso adotar, aceitar, assumir, admitir que algo está errado; e que a não ser que uma nova postura seja acolhida, seguida, abraçada, ambos caminharão em direção ao abismo das brigas, intrigas, implicâncias, mentiras, competição e, por fim, a separação. É preciso adotar a dor, os erros e as frustrações, para que nasça a transformação, para que o milagre aconteça.

O mesmo acontece com quem se recusa a adotar um novo estilo de vida diante da crise financeira. Ou com quem reluta para adotar uma nova rotina quando a enfermidade se instala. Ou se nega a adotar um novo rumo na vida quando as portas se fecham diante dos seus olhos. Geralmente, os que insistem em não adotar novos hábitos de vida em situações assim, agem dessa maneira porque, apesar da dor que estão vivendo, sentem-se muito mais seguros agarrados no pouco, porém concreto, que lhes resta. Desse modo, ficam completamente amedrontados, e alguns até mesmo paralisados diante do mar de mudanças que se estabelece diante deles. E, como sabemos, mudanças, ainda que necessárias, podem gerar dores nunca antes experimentadas. Assim, preferem viver no mundo do faz de conta, dos sonhos, das aparências, a adotar a insegurança que o novo pode trazer.

Adotar o sofrimento significa estar pronto para enfrentá-lo, custe o que custar. Adotar o indesejável é viver de forma corajosa e digna, na expectativa sempre rica e admirável da transformação. É crer contra a esperança. É acreditar que todas as coisas, não importa se belas e desejáveis ou tristes e repudiáveis, cooperam para o bem, para o crescimento, para a maturidade, para um propósito maior e mais nobre do que os nossos olhos míopes podem enxergar.

Adotar o que nos incomoda é fazer com que as cortinas da realidade se abram diante de nós e revelem verdades incontestáveis. É reconhecer nossa limitação com relação ao controle e domínio absoluto do nosso próprio futuro.

Mas, curiosamente, à medida que essa adoção ou conscientização das nossas mazelas vai acontecendo, de forma assustadoramente maravilhosa ela permite também o descortinar de outras verdades desconhecidas que fazem parte da nossa vida, da nossa essência, mas que até então estavam escondidas como tesouros não revelados: a resistência, a habilidade, a inteligência, a paciência, a força, a coragem, o domínio próprio, a perseverança, a fé e tantas outras coisas ricas que existem no nosso ser, e que vêm à tona em meio à dor e ao sofrimento.

Em minha opinião, o grande exemplo de adoção, opção, aceitação, está na postura de Jesus.

> *Seja a atitude de vocês a mesma de Cristo Jesus, que, embora sendo Deus, não considerou que o ser igual a Deus era algo que devia apegar-se; mas esvaziou-se a si mesmo, vindo a ser servo, tornando-se semelhante aos homens. E, sendo encontrado em forma humana, humilhou-se a si mesmo e foi obediente até a morte, e morte de cruz!* (Fl 2.5-8)

Jesus escolheu, abraçou, adotou a vontade do Pai para sua vida. Ainda que essa vontade significasse não apenas ter que enfrentar a dor, mas até mesmo a própria morte.

E o que me impressiona é o fato dele não ter levado em conta o que era, para se submeter à essa vontade. Uma atitude exemplar de total humilhação e resignação ao querer soberano do Pai.

O que vemos hoje são pessoas rejeitando todo e qualquer tipo de sofrimento ou aflição. Pessoas que se acham boas o suficiente para tão somente dizer: eu rejeito, eu não admito isso em minha vida, eu não aceito. Pessoas que agem como se todas as tribulações e dificuldades que nos alcançam viessem diretamente do inferno, com o único intuito de nos atormentar.

Que bom que Jesus não encarou a dor e o sofrimento dessa forma. Que bom que ele entendeu que, apesar de ser Deus, por amor, por obediência e por misericórdia, podia também enfrentar momentos de angústia e sofrimento.

Que bom que ele decidiu esvaziar-se de si mesmo e se encher com a vontade de Deus. Adotá-la sem reservas, acolhê-la na certeza de que ainda que angústias o viessem assolar, o Pai jamais o abandonaria; e fazer a vontade desse Pai e cumprir seus planos, que são sempre maiores e muito melhores do que os planos de qualquer um, sempre será a escolha mais sábia, ainda que para isso nossa alma precise mergulhar na dor.

Jó também nos deu esse exemplo. O exemplo de aceitar e adotar a vontade de Deus para sua vida, ainda que essa vontade o levasse a atravessar o mais profundo vale que alguém pudesse experimentar. O vale da perda, do desprezo, da humilhação e da morte.

O vale que ele jamais sonhou para sua vida, mas que acolheu, adotou, ainda que sem compreender a razão. E assim, por sua atitude de completa submissão à vontade de Deus, foi não somente abençoado em dobro, mas, principalmente, honrado e aprovado pelo Pai. Não podemos experimentar honra maior do que a aprovação de Deus.

Não há dúvidas de que sempre que nos submetemos à vontade do Senhor, sempre que abraçamos seu querer, ainda quando esse querer é o avesso de tudo que gostaríamos, Deus nos honra e abençoa pela atitude de submissão, obediência, dependência e total confiança nele.

A doce ação está diretamente relacionada a uma postura positiva e corajosa de enfrentar desafios. Ainda que esse desafio seja o inesperado, o indesejado. É adotar a vida do jeito que ela se mostra diante de nós.

A doce ação tem a ver com não perder o sabor, não permitir que a doçura da vida se dissipe quando a água for escassa, quando o calor for agonizante, quando o vale for muito mais profundo e escuro do que esperávamos. É despertar sensações agradáveis, desejáveis, doces, quando o céu estiver negro, quando o silêncio ensurdecedor for a única coisa que se consegue ouvir em meio a muitas perguntas e questionamentos.

Em minha visão, a doce ação está diretamente relacionada com a adoção da própria paz. Charles Swindoll cita em seu livro *O mistério da vontade de Deus* (Mundo Cristão, 2001), algo que me marcou para sempre: "na aceitação repousa a paz". Por vezes fico me questionando como pode tanta verdade caber dentro de tão poucas palavras! Quanto sofrimento seria evitado, quanta dor poderia ser deixada de viver, quantas lutas não seriam experimentadas se aprendêssemos a beleza da aceitação. Certamente nossa história seria bem mais doce se decidíssemos viver com o coração pronto para a adoção.

Assim, quero deixar bem claro que entendo que a doce ação de praticar a adoção é algo infinitamente maior que muitos de nós costumamos enxergar. A adoção é para todos, e deve acontecer várias vezes em nossa vida.

Voltando à comparação do cozinheiro, quando alguém decide tomar uma fruta para degustar, geralmente está pensando somente em si mesmo, porém, quando se dispõe a fazer um doce de uma fruta qualquer, a visão é sempre maior. A ação desencadeia automaticamente um ato coletivo e altruísta. Acho que praticamente ninguém faz um tacho de doce pensando somente em si mesmo. Por isso, enxergo esse ato como cheio de tanta doçura. Talvez mais doce que o próprio doce em si.

Para mim, o desafio que se estabelece com relação a uma vida de adoção deveria se assemelhar a esse ato, ao ato do cozinheiro preparando um doce. Dessa forma o objetivo seria sempre preparar algo que trouxesse benefícios, doçura para a vida de muitos, através da minha vida ou de minha atitude.

Se adotássemos esse estilo de vida, nossas decisões passariam sempre pelo crivo da coletividade, não perderíamos tempo com coisas mesquinhas ou banais, voltadas tão somente para nós mesmos. E em nossa tentativa de tornar a vida mais doce, teríamos planos nobres, grandes, significantes. *Mas o homem nobre faz planos nobres, e graças aos seus feitos nobres permanece firme* (Is 32.8).

Quem dera se nosso objetivo fosse também a vida de outros! Em especial, no tempo da dor, como seria bom se nos lembrássemos disso!

Que nossos sonhos não sejam egocêntricos, mas que haja o desejo de fazer com que outros se sintam mais amados, menos solitários, mais humanos, mais felizes por meio de nós. Ainda que isso nos custe certo sacrifício, ainda que haja um preço significativo a ser pago.

Entendo a doce ação como algo diretamente ligado ao bem-estar comum, em que todos saem ganhando. Pensando dessa forma, adotar é também o ato de tornar a vida de muitos um pouco mais doce. É se dispor, sem reservas, a conviver com o novo, o diferente, o inesperado, o difícil e talvez até indesejável, seja esse novo uma pessoa ou uma situação. Enxergo a adoção como um dos mais sábios atos de amor, em que todos aprenderão, ainda que por meio da dor e sofrimento.

E a pergunta pode surgir: vale a pena? Sim, entendo que vale, porque o Pai nos ensina que é muito mais feliz, muito mais realizado, muito mais completo, aquele que se oferece, que se dá, que se entrega, do que aquele que recebe ou que é servido. Por isso vale a pena.

Assim, entendo também que, ao final, o saldo será sempre positivo, pois onde houver coragem, desejo, busca, entrega, resignação e fé, inevitavelmente haverá crescimento. E essa é uma das razões pelas quais existimos, para crescer.

Talvez este seja um bom momento para pararmos e questionarmos: o que em nossa vida precisa ser adotado para que haja transformação? O temperamento difícil de um cônjuge, a limitação de um filho, a dura realidade da vida financeira, a falta de saúde, uma perda irreparável, os sonhos que não se concretizam, ou meu próprio coração?

Na verdade, praticamente tudo em nossa vida precisa passar pelo processo de adoção. Até mesmo nossos filhos biológicos. Eles precisam ser recebidos, acolhidos, abraçados, assumidos.

Na adoção repousa sempre a expectativa de mudança, transformação, crescimento, progresso, melhora.

Para compreender melhor, tomemos o exemplo da paternidade. Nenhum pai, ao contemplar o filho que acaba de nascer, por mais lindo, fofo, perfeito e especial que ele seja, deseja que ele fique da mesma forma para o resto da vida. Ele espera sempre o milagre da transformação.

E fará de tudo para que isso aconteça. Investirá sempre o melhor de si. Dinheiro, tempo, inteligência, amor, sonhos, dedicação, absolutamente tudo, tudo que puder fazer ele fará para que aconteça o milagre do crescimento. Mesmo sabendo que como pai ele é tão somente um instrumento dessa transformação (pois sabemos que o poder dessa mudança vem da grandeza de Deus), ele se esforçará o quanto puder, para ser um instrumento realmente útil e bem afiado.

O mesmo acontece em outras áreas da nossa vida. Adotamos as coisas boas e investimos o melhor de nós para que elas se tornem ainda melhores. E se formos sábios, adotaremos as ruins, na expectativa de que elas se transformem.

Enfim, o incentivo é: adote com todo o coração, com todas as suas forças, o que precisa ser adotado em sua vida, para que ela se torne mais verdadeira, mais real e, consequentemente, mais cheia de paz. Lembre-se: na aceitação, na adoção, repousa a paz. Mas faça isso com doçura, com disposição, com fé. Faça isso como o cozinheiro apaixonado, que acredita no milagre da transformação. Faça isso pensando não somente em você, mas na coletividade, em outros. Faça isso por amor.

Talvez o que precisa ser acolhido ou adotado por você, esteja muito mais próximo do que você possa imaginar. Talvez seja sua família ou o cônjuge que, apesar de conviver diariamente ao seu lado, se encontra distante e amargurado. Quem sabe um filho biológico que se acha perdido e nem se sinta filho. Ou ainda uma situação difícil, complicada e desafiadora, que tem assolado sua fé e sugado toda a sua energia. Ou então uma grande e irreparável perda que atingiu seu mundo e o transformou em um imenso e indescritível vazio. Não importa, seja o que for, o convite é: adote, receba, aceite.

Seja corajoso. Faça a sua parte e espere de Deus o milagre da transformação. Creia que por mais azedas e cítricas que as situações lhe pareçam, elas podem ser transformadas. O grande Deus pode torná-las digeríveis.

O intuito dos próximos capítulos é estimulá-lo a viver a doce ação sempre que for necessário. E assim, levá-lo a experimentar do Pai a misteriosa e indefinível paz. A paz que excede todo entendimento.

Que possamos seguir o exemplo dado por Jesus de obediência, resignação e completa humilhação diante da vontade do Pai. E ver que é nele que está o poder. É ele quem faz diferença. O segredo da técnica adequada repousa em sua sabedoria. O milagre da esperança renovada se esconde à sombra de sua cruz. A certeza de que podemos enfrentar todo e qualquer desafio só faz sentido quando olhamos para ele. O poder de tornar a vida mais doce jorra de sua essência inconfundível e desejável. A paz que nossa alma tanto anseia jamais será encontrada em outro lugar.

É com essa visão que eu gostaria que você caminhasse através das próximas páginas. Vendo através das experiências vividas, pessoas frágeis e incapazes sendo conduzidas de forma amorosa e cheia de esperança, pelo caminho da dependência e do amor, encarando dia a dia a prática dA DOce aÇÃO.

3

O grande sonho

Como todo casal apaixonado, enquanto namorávamos, meu marido e eu fazíamos muitos planos lindos para o futuro. Quanta coisa especial havia naqueles sonhos! Um dos nossos planos é que gostaríamos de ter três filhos, com diferença de dois anos entre eles. Os dois primeiros seriam biológicos e o terceiro, adotivo.

Casamo-nos e vivemos uma linda história de amor. Como fora planejado, logo vieram os dois filhos biológicos. Quanta alegria desfrutamos! Curtimos cada momento! Cada fase da gravidez, o enxoval, o quartinho, os momentos que antecediam ao parto, os primeiros dias de vida, o desenvolvimento, as gracinhas, enfim, tudo que todo pai e mãe desejam viver com a chegada dos filhos.

O tempo foi passando e, enfim, nosso caçula completou dois anos e, apesar da vida simples e de nunca termos dinheiro sobrando, partimos em busca do nosso sonho. Começamos então o processo de organizar os papéis para realizarmos a tão sonhada adoção. O que não sabíamos é que seria uma longa e ansiosa espera, marcada por muitas histórias e frustrações.

Durante o processo, ao menos naquela época, era possível, durante as entrevistas com psicólogos e assistentes sociais, desenhar o perfil da criança que desejávamos. Menino, com menos de seis meses de idade. Na verdade, nosso desejo era viver os dias de "cólicas noturnas" com ele (é bom esclarecer que as pesquisas mostram que apenas 1%

das pessoas desejam adotar crianças acima de 10 anos)[1]; branco (porque queríamos alguém que fosse igual aos nossos filhos); sadio (qual mãe, durante a gestação, sonha e planeja ter um filho doente? Nesse caso não era diferente); e que, de preferência, tivesse se separado da mãe durante o parto ou poucos dias depois. Sabíamos do trauma e das marcas que carrega uma criança rejeitada desde o útero, e queríamos evitar problemas. Por fim, não queríamos nenhum contato com absolutamente ninguém da família.

Hoje, contemplando essa lista, vejo que ela, apesar de pequena, era extremamente pretensiosa. Queríamos um filho, não um problema. Quanta ilusão! Sejamos honestos, biológicos ou não, os filhos sempre nos trazem algum tipo de dificuldade, pois durante toda a vida, eles vão gerar situações que exigirão de nós habilidade e muito jogo de cintura para administrar. Vão exigir sacrifício, responsabilidade, entrega e abnegação.

Por amor a eles fazemos os mais diversos sacrifícios; passamos noites inteiras sem dormir e no dia seguinte saímos para o trabalho bem cedinho (pois alguém tem que sustentá-los). Enquanto isso, eles finalmente conseguem pegar no sono e dormem a manhã inteira. Por amor a eles deixamos de ser prioridade na hora das compras. Deixamos nossos títulos e graduações e voltamos a estudar tudo que já vimos um dia.

Também é só por amá-los que nos entregamos, sacrificamos e enfrentamos as situações mais adversas da vida, para garantir-lhes o bem-estar, a melhor escola, a melhor alimentação, as roupas mais engraçadinhas, a diversão, os brinquedos da moda, os passeios nos parquinhos.

Por estarmos completamente revestidos de amor, nós os acalmamos, os protegemos e dizemos que está tudo bem, quando na verdade nossa alma se encontra afogada em lutas e preocupações.

---

[1] http://www.alobebe.com.br/site/revista/reportagem.asp?texto=429. Segundo dados divulgados pela ONG Associazione Amici dei Bambini (Ai.Bi), 72% dos brasileiros preferem adotar uma criança branca, destes, 67% querem que seja um bebê com cerca de 6 meses, sendo que 99% efetivam a adoção de crianças com até 1 ano de idade. (Acesso em 09/03/2011)

É ainda por amor que ouvimos músicas de criança, geralmente com o som no volume mais alto do que gostaríamos, vemos desenhos infantis, vamos ao cinema não para ver o filme que está fazendo sucesso no mundo dos adultos e intelectuais, mas para ver aquele que a turma toda do jardim de infância não para de comentar. Abrimos mão do nosso tempo, nosso lazer, nosso descanso, nosso eu.

Ficamos acordados até mais tarde, em um dia extremamente cansativo e cheio de aborrecimentos no trabalho, para buscá-los na festinha de quinze anos do melhor amigo. Por amor a eles, nos fazemos fortes e corajosos. Decidimos que vale a pena viver, vale a pena lutar. Renovamos nossas forças e continuamos caminhando quando nossas pernas só pedem para parar.

Por amor a eles, tudo fazemos, tudo sonhamos, e se preciso for, graciosamente até mesmo nos entregamos. Somente um misterioso amor é capaz de desejar e sonhar com tal experiência. O doce e privilegiado prazer de ser pai, ser mãe.

Sou cristã e procuro viver minha vida pautada nos ensinamentos da Palavra de Deus. No entanto, descobri que ainda havia muito a aprender com relação a amar um filho incondicionalmente. E essa lição começou a se aprofundar desde o momento em que começamos a busca do nosso terceiro filho.

É difícil acreditar, mas durante onze anos, enfrentamos os dolorosos embaraços provocados pela burocracia. Quanto papel, quantas entrevistas, quantas visitas domiciliares. Agora, nossas crianças já entendiam tudo e participavam ativamente da busca. Elas esperavam ansiosamente pelo irmão. Mantinham uma constante expectativa com relação à sua chegada. Faziam planos, sonhavam e se divertiam com tudo.

Lembro-me que minha filha mais velha, na época com oito anos, pegava no pé do irmão de seis, para que ele mantivesse o quarto sempre em ordem e a casa organizada para que, se por acaso uma assistente social fizesse uma visita surpresa, tudo parecesse perfeito e nada servisse de obstáculo para a chegada do esperado irmão.

Só que diante de tanta espera e dificuldades, e muitas vezes até frustrações, por vezes nossa razão nos induzia a desistir. Houve momentos em que recebemos telefonemas das assistentes dizendo que na semana seguinte era praticamente certeza que estaríamos com o bebê em casa. Enxoval preparado, sonhos alimentados, ansiedade no peito e um desejo sem fim que tudo se tornasse logo realidade.

Lembro-me que nessa época, minhas duas irmãs estavam grávidas. Eu dizia a elas:

– Não se esqueçam que eu também estou grávida, vamos ver quem dará à luz primeiro.

No entanto, inexplicavelmente, as coisas não aconteciam como planejadas. Quanta desilusão nos assolava! Mas nosso coração não permitia que esse sonho nos abandonasse.

Assim, prosseguimos tentando, insistindo, buscando e esperando cheios de fé.

O tempo não dava trégua, e sem dó, ia passando rapidamente. Nossos primeiros filhos já estavam na adolescência. Racionalmente falando, já não era mais hora para isso. A vida parecia insistir em tomar rumos diferentes. Será que nosso sonho antigo deveria ser esquecido, abandonado? Às vezes a sensação era que de tão velho, ele iria caducar. Que nada! Para nossa surpresa, ele só estava buscando a maturidade.

E foi quando em um mês de agosto, em uma noite de domingo, quando estávamos os quatro brincando, rindo e conversando no nosso "*point*" preferido, sobre a cama de casal que havia no nosso quarto, que meu marido fez uma afirmação bombástica, que de repente roubou nosso sorriso e estampou em nossos rostos uma sombra de temor, dúvida e apreensão.

Ele disse:

– Apareceu uma criança.

Lembro-me de sentir meu coração disparar.

– Sério, pai? Ou você está brincando!? - perguntou minha filha.

– É sério. Um menino.

– Um menino?! Que legal! - disse meu filho.

– Onde ele está? Quem falou sobre ele pra você? Que idade tem? O que aconteceu?

Bombardeei meu marido com perguntas e queria que todas fossem respondidas de imediato.

– Ele mora em uma cidade aqui perto. Foi um casal que adotou a irmã dele, que me falou sobre ele. E ele tem seis anos de idade.

Um detalhe interessante, o nome dele era praticamente igual ao do meu marido. Diante de tudo, era como se uma avalanche de informações chocantes desabasse sobre minha cabeça naquele momento.

A não ser o fato de ser homem, estava tudo completamente diferente da minha lista de exigência. Eu esperava um bebê. Não queria nem saber onde estava a família, e agora me aparece um menino de seis anos, com uma irmã na cidade?! Era muito para a minha cabeça. Como Deus poderia ter se enganado tanto!?

Lembro bem do comentário do meu filho naquele momento.

– Seis anos? Puxa, é meio velhinho, né?!

Ele verbalizou meus sentimentos. Para mim, essa criança era muito velha. Meu marido não insistiu no assunto. Só disse que no dia seguinte iria averiguar as coisas.

E o dia seguinte chegou. Com ele, novas informações. A criança vivia em uma instituição que acolhia inclusive filhos de pais soropositivos (HIV) e algumas daquelas crianças eram, também, soropositivas. A irmã que havia sido adotada pelos amigos da igreja, também vivera na instituição desde bebê, era um ano mais nova que o menino e estava sofrendo horrores por ter sido separada dele. Chorava constantemente, dava crises e dizia muitas vezes, em meio a muita dor:

– Meu coração *tá* chorando por causa do meu irmão!

Assim, diante do quadro doloroso da menina, os pais decidiram procurar alguém que desejasse adotar o tão querido irmão. E sem saber do nosso sonho, procurou justamente meu marido para pedir-lhe ajuda, na esperança de que talvez conhecesse alguém que tivesse esse desejo.

Meu coração perdeu o sossego. Definitivamente, não sabia o que fazer. Minha vida estava totalmente organizada. Era mãe de dois adolescentes ótimos, obedientes, sossegados, estudiosos e muito envolvidos com as coisas de Deus. Tinha meu trabalho e estava contente com o que fazia. Enfim, tudo parecia tão bem, tão certinho...

Meu marido disse que teríamos um prazo para pensarmos, orarmos e depois falaríamos sobre o assunto. Não preciso nem descrever como vivi aqueles dias. Minha mente rodava quando via uma criança de mais ou menos seis anos na minha frente. Tentava imaginar o quanto minha vida mudaria se viéssemos mesmo a adotá-lo, mas por mais que me esforçasse, não conseguia ter uma noção do que realmente seria.

Mais que isso. Vasculhava as profundezas do meu coração à procura de respostas. Por que tinha que ser tão diferente de tudo que havíamos planejado? Por que tinha que ser agora? Porém, algo maior dizia no meu íntimo que não cabe a nós determinar tempos ou épocas. Isso pertence ao Senhor.

Uma semana se passou. Lembro-me bem que era um sábado ensolarado, estávamos todos sentados à mesa na praça de alimentação de um shopping, bem descontraídos, quando meu marido disse:

– E aí, já pensaram? Temos que decidir.

Confesso que fiquei paralisada.

Segundos depois, minha filha, em meio a lágrimas disse:

– Pai, eu orei e pensei bastante sobre o assunto. E a palavra que Deus colocou em meu coração foi: *Quando lhe for possível, não deixe de fazer o bem a quem dele precisa* (Pv 3.27).

E ela ainda completou:

– Pai, eu sei que a gente pode fazer isso. Eu estou com muito medo, mas eu sei que a gente pode fazer.

Em completo estado de choque, também comecei a chorar, porque fora exatamente esse versículo que Deus havia colocado em meu coração.

Aquela criança tinha o direito de receber o bem, ela tinha o direito de ser feliz. Nós tínhamos um sonho antigo, guardado, todo empoeirado no baú das lembranças, e talvez fosse o momento dele se tornar realidade.

É certo que não era como havíamos planejado, mas o importante não é o que planejamos na terra, e sim o que Deus planeja no céu. Nossos planos, por melhores e mais belos que sejam, são apenas planos e podem acabar muito mal, muito distante da fantasia sonhada, porém, os planos do Senhor são perfeitos, e são muito maiores e melhores do que os nossos. Como eu precisava acreditar nessa verdade naquele momento decisivo de nossas vidas!

Entramos em contato com o orfanato para marcamos a visita e descobrimos que ele tinha mais um irmão, um ano mais velho, que também vivia lá. Um desapontamento sem fim tomou conta de mim. Como poderíamos separar dois irmãos? (Naquela época ainda não havia a lei que obriga a adoção de irmãos.) Pensei até em desistir, mas fui convencida pelo pai da menina que já havia sido adotada, de que eles não tinham tanta intimidade assim; nem sabiam muito bem que eram irmãos. Assim, no dia primeiro de setembro daquele ano saímos para o encontro.

Uma viagem de pouco menos de uma hora, mas que parecia pesada e cheia de mistérios. Um amigo que pegara carona conosco naquele dia, notou o clima tenso estampado em nossas feições e quis saber o que estava acontecendo. Meu marido brincou, dizendo que nossa família estava precisando de um psicólogo naquela manhã, e contou-lhe a história, em especial nosso dilema com relação ao irmão um ano mais velho que encontraríamos no orfanato e não sabíamos como lidar com a situação.

Para nosso total espanto, ele disse que ele e a esposa estavam à procura de uma criança dessa idade para adotar, e que falaria com ela sobre o assunto, e se tudo desse certo eles adotariam o menino. Uau!!! Era bom demais para ser verdade! Deixamos nosso amigo em sua reunião e fomos para o orfanato. Os corações a mil por hora.

O lugar era limpo e parecia bem cuidado. As crianças, em torno de quarenta, eram visivelmente sofridas e maltratadas pela vida, muitas com deficiências físicas. E todas carentes, assustadoramente carentes.

A atendente mandou chamar "o menino". De repente, entrou um "baixinho" espoleta, de sorriso aberto, pele bem clara, cabelos escuros, falante, alegre, agitado, calçando um tênis número vinte e sete e usando bermuda e camiseta azul marinho.

Ali estava o meu bebê! Não foi apresentado à mamãe em uma sala de hospital, enrolado em lençóis e sujo de sangue. Seu primeiro contato de comunicação não foi o choro ou os gritos de uma criança que acaba de nascer, mas foi um sorriso despretensioso e um "oi" um pouco tímido e sem graça.

Ainda assim, aquela primeira imagem ficará para sempre guardada em meu coração. Interessante como lembro claramente do primeiro contato visual que tive com meus filhos biológicos, e é exatamente igual à sensação que tive com o caçula.

O que fazer? Como agir? Alguns cumprimentos tímidos e abraços constrangidos foram trocados naquele momento. Ele não sabia que estávamos ali por sua causa, e logo decidiu brincar com os coleguinhas. Assim, passamos apenas para o processo de observar seu jeito, seu comportamento, sua maneira de ser. Também aproveitamos a oportunidade para fazer algumas perguntas para a pessoa responsável pelo local.

Quanto ao irmão, com quem o nosso amigo disse que ele nem se importava, engano total. Os dois não se desgrudavam, brincavam o tempo todo, riam, se abraçavam, rolavam no chão como dois gatinhos. E meu coração diante daquele quadro sabia que as coisas não seriam tão simples e fáceis como eu havia sonhado.

Tiramos algumas fotos, brincamos algum tempo e por fim, chegou a hora de partir. Que loucura! Que horror! Que difícil! Que dor! Os poucos minutos convivendo com a realidade daquelas crianças foram suficientes para ver o quanto elas sonhavam e desejavam uma família. Elas se agarravam à gente, pediam abraços, beijos, elogios. Faziam gracinha para serem notadas e valorizadas. Passavam as mãozinhas em nossos cabelos, nossos rostos, como que atestando se éramos realmente de verdade.

Elas pareciam se esforçar para entender e acreditar que existiam famílias do lado de fora daqueles muros. Existiam casas com apenas três, quatro, cinco pessoas. Existiam mães que cuidavam de seus filhos, que se preocupavam com eles; existiam pais que trabalhavam honestamente, que não espancavam crianças e mulheres; existiam irmãos que brincavam juntos, que assistiam TV, e até podiam escolher o desenho que desejavam ver. Sim, era difícil acreditar que existiam lugares em que crianças, além de especiais, eram chamadas de filhos, e não eram apenas mais uma no grupo.

A volta para casa foi horrível. Minha filha e eu choramos sem parar. Nossa família ficou abalada diante do quadro que presenciamos. Um sentimento de muita vergonha tomou conta de mim. Como pude pensar apenas no meu bem-estar, no meu comodismo, na minha vidinha organizada? Havia milhares de crianças no mundo sofrendo a dor do abandono, da solidão, do desprezo, da falta de aconchego; sem experimentarem amor, cuidado, proteção, afeto, afago, abraço, beijos, colo, aprovação, segurança, conforto... Como pude pensar no meu bem-estar?

De uma coisa tínhamos certeza, queríamos muito o nosso pequeno, mas não tínhamos coragem de separá-lo do irmão. Parecia cruel demais para quem já vinha vivendo uma vida de dores. No entanto, sabíamos que não tínhamos condições de dobrar a família do dia para a noite. Assim, os próximos dias se mostravam cheios de lutas e de decisões complicadas. Como precisávamos de sabedoria e orientação!

Compartilhamos tudo com nossa família, que nos dispensou total apoio. A igreja também nos ajudou em oração e busca de orientação. Enquanto isso, eu já me sentia mãe daquele pequeno ser, ligava todos os dias para o orfanato para ver se ele tinha comido direitinho, se estava bem, o que tinha feito, se estava tudo bem com sua saúde, etc. Não falava com ele, mas com as pessoas responsáveis.

Por fim, veio a solução. Lembram do amigo que pegou carona conosco no dia em que fomos visitar o orfanato? Pois é, ele e a esposa decidiram que queriam adotar o irmão mais velho. Eles já tinham duas crianças, filhos biológicos e estavam bem animados com a ideia da adoção.

Dezoito dias depois, lá estávamos nós e nossos amigos diante do juiz, abrindo nosso coração e revelando nossos desejos. Ficamos completamente assustados com a resposta dele. Vocês podem levar as crianças agora mesmo. Meu Deus! Como vai ser isso? Era tudo muito surpreendente para mim.

Assim, em dezenove de setembro daquele mesmo ano, vimos nossos sonhos se tornarem realidade. Voltamos ao orfanato para eles se despedirem e pegarem suas coisas. Ainda que eu viva séculos, jamais me esquecerei daquele momento. Nossos corações acelerados e explodindo de emoção, nossos sentimentos à flor da pele, mãos geladas, joelhos trêmulos, os olhos mergulhados em lágrimas de profunda felicidade, enquanto contemplávamos nosso pequeno dando saltos de alegria, segurando nas mãozinhas uma sacola plástica dessas que são usadas em supermercado, contendo tudo que iria levar consigo daquele lugar: uma bermudinha surrada, uma camiseta velha e sua escova de dentes, já bastante desgastada. Aos seis anos de idade, isso era tudo que possuía para começar uma nova vida.

Não eram roupas modernas para um passeio ao Shopping, ou escova de dente recomendada por um ortodontista renomado, sequer uma mochila de marca para carregar tudo aquilo. Não, sua realidade era completamente outra. Mas que importância tinha isso diante da grandeza do momento que estava vivendo? E ele pulava e gritava de alegria, agitando aquela sacola no ar. Eufórico, feliz, confiante, realizado, pleno, cheio de coragem para enfrentar sua nova vida, louco para mudar completamente o rumo de sua história.

Naquele momento seus olhos não focavam o pouco que possuía em comparação a milhares de crianças de sua idade; também não se concentravam nas dores e angústias que vivera durante os longos anos de espera, sonhando e desejando uma família. Não. Para ele, definitivamente aquele não era momento de lamentar coisa alguma, e com o rostinho completamente iluminado por aquela alegria, sabia que chegara o tempo de celebrar a vitória, a conquista, o sonho alcançado, o desejo do seu coração sendo realizado. Era hora de deixar tudo para trás e partir determinado para o futuro, carregando no peito coragem e muita vontade de viver, aprender, crescer e recuperar o tempo perdido.

De forma alguma valeria a pena gastar tempo precioso lamentando o que não aconteceu, o que não possuía ou aquilo que demorou a chegar. Naquele instante, dentro do seu coração, só havia espaço para festa. Sua alma parecia derreter-se no calor daquela alegria. E assim, ele vibrava, pulava, sorria até mostrar todos os dentes, e gritava de peito aberto: eu tenho uma família! Eu tenho uma família!

Para surpresa de todos, a partir daquele exato momento, ele já passou a nos chamar de pai e mãe.

4

Vazio

Ele estava plenamente feliz. Para as "tias", mulheres que trabalhavam lá, apesar da alegria de ver mais uma criança conseguindo uma família, era um momento de perda e dor. Até aquele momento, elas cuidaram dele; davam banho, lavavam suas roupas, alimentavam--no, enfim, criavam aquela criança. E, de repente, elas eram bruscamente separadas dele. Aquele, definitivamente, não era um trabalho fácil e eu nunca havia me atentado para isso. Elas o viram crescer e de repente o viam partir. Isso, sem nenhuma preparação, sem aviso prévio, sem qualquer cerimônia! Que difícil!

Depois de nos despedirmos das "tias", para com as quais tenho o mais profundo respeito e a maior admiração, saímos direto para um shopping para comprarmos alguma roupa, calçado e objetos pessoais.

A família do irmão estava com a gente. Virou uma verdadeira festa dentro do shopping. Eles corriam, falavam alto, contemplavam tudo como se estivessem vivendo uma grande ficção. Quando fomos à praça de alimentação então, tudo se tornou uma bagunça total. Eles queriam experimentar os diferentes pedidos que cada um fizera. Apesar do estado de choque em que ainda nos encontrávamos, rimos bastante e nos divertimos naqueles primeiros instantes em família.

Contudo, havia uma preocupação que me incomodava. Como seria ao chegarmos em casa? Qual seria sua reação? Eu temia que nós dispensássemos a ele, ainda que sem perceber, um clima de "seja bem-

-vindo, visitante". Afinal, não havíamos nos preparado para isso. Mas para minha surpresa, foi tudo bem melhor do que eu esperava.

Durante a viagem de volta, vez ou outra nosso carro e de nossos amigos, em que estava seu irmão com a nova família, passavam um pelo outro. Os dois meninos, agora separados, acenavam um para o outro sempre que se viam. Era perceptível o clima de afeto, preocupação e carinho que havia entre eles. Quando, por algum motivo, perdíamos de vista o carro em que estava seu irmão, ele logo manifestava certa ansiedade.

Lembro-me que a primeira pergunta que ele fez, cinco minutos depois de entrar no carro, logo ao sairmos do orfanato, foi o clássico questionamento das crianças quando estão viajando: "Vai demorar muito?". Então lhe expliquei que demoraria um pouco, pois estávamos indo para outra cidade. Ele retrucou: "O que é outra cidade?".

Parece até brincadeira uma pergunta dessas, mas para quem viveu seus seis anos de vida, ou melhor, sua vida toda, trancado e limitado ao mesmo lugar, às mesmas pessoas, ao mesmo espaço físico, outra cidade realmente parecia surreal.

Quando chegamos em casa, depois daquele longo dia, já era noite. Enquanto meus filhos, agora seus irmãos mais velhos, lhes mostravam cada cômodo, cada canto, cada parte da casa, eu fui logo preparar o prato que ele havia dito ser um de seus favoritos: um bom macarrão.

De repente, ouvi minha filha, que o estava ajudando no primeiro banho em casa, gritar:

– Mãe! Vem cá para você ver uma coisa!

Corri e me deparei, maravilhada, com uma pinta muito especial que acabara de descobrir no corpo do novo irmão.

– Olha que linda, mãe! Que gracinha!!!

Foi muito gostoso observar com calma como suas mãozinhas eram pequenas e bem feitas. Seus pés gordinhos e bem desenhados. Nas coxinhas ainda havia marcas de ruguinhas. Surpresas, muitas surpresas nos aguardavam.

Os primeiros dias convivendo com aquela criança pareciam um turbilhão de emoções. Prova disso é que uma semana depois dele chegar em casa, eu caí de cama, com febre ardente, sem nenhum motivo aparente para justificar.

De fato, minha alma estava completamente fragilizada, envolvida por uma tempestade de desafios, dúvidas e temores diversos, e parece que o único modo que ela encontrou de colocar para fora tudo que estava vivendo foi através daqueles três dias de febre.

A vida precisava acontecer, os dias caminhavam rapidamente, e com eles muitas coisas novas e surpreendentes. Muitas surpresas agradáveis, pois o clima em nossa casa mudou completamente, mas também aqueles primeiros dias vieram cercados de assombro. Meus olhos não podiam crer na dimensão da defasagem que havia na vida daquela criança. Ela não tinha a mínima noção de tempo, espaço ou parentesco. Isso tudo era muito abstrato para ela.

Daqui a pouco ou daqui a vinte anos, soava com o mesmo tom. Espere um instante ou espere alguns dias, não fazia a mínima diferença. Vou para o trabalho aqui perto ou vou para muito, muito longe em uma viagem a serviço, não despertava nenhum sentimento diferente. Essa é sua irmã, esse é seu avô, esse é seu amigo, essa é sua mãe, tudo parecia inexplicavelmente igual.

Não sabia a diferença entre café da manhã, almoço ou jantar. Tudo significava tão somente comer. Não conseguia dar nome aos alimentos. Nomes de frutas, verduras, legumes; pasmem, não sabia diferenciar entre arroz e feijão. Tudo era simplesmente comida.

Ele experimentou morangos e amou. Deliciava-se com a fruta. E certo dia perguntou:

– Como é mesmo o nome disso aqui?

– Morango - respondi.

– Que delícia!

– Você tem certeza que nunca experimentou morango antes?

– Tenho. Nunca tinha comido isso antes.

Como na região em que morávamos, morango era uma fruta relativamente comum naquela época do ano, disse:

– Não é possível que o orfanato não tenha comprado morango nenhuma vez para vocês.

– Mãe, lá eles não compravam nada, tudo era Jesus que dava, e morango ele nunca deu.

Ainda com relação à comida, não possuía um comportamento muito correto à mesa. É lógico que era bem criança, mas não sabia usar os talheres de forma adequada, apenas o manuseio com colheres lhe era familiar. E ficava o tempo todo vigiando o que era colocado sobre a mesa durante as refeições. Dizia: "Não peguem aquele pedaço de carne porque ele é meu", ou "Daqui a pouco eu vou comer esses que estão sobrando"; e quando via alguém se servir de algo que ele gostava, dizia: "Nossa, desse jeito não vai sobrar nada para mim!". E por causa dessa preocupação, comia em um ritmo acelerado, como se estivesse em uma competição.

Não sabia lidar com nenhum tipo de instrumento eletrônico: som, TV, ventilador, controle remoto, microondas, computador, vídeo game e até telefone. Imagine só, as crianças de hoje só faltam nascer com um celular nas mãos... e para ele tudo era muito estranho e complexo, afinal, não tinha contato com essas coisas. É claro, como colocar um controle de TV nas mãos de quarenta crianças ao mesmo tempo? Do lugar de onde ele viera isso era impossível. E para garantir vida útil para ambos os lados, eletrodomésticos em geral e eletroeletrônicos ficavam sempre fora do alcance das dezenas de crianças.

Não foi sem razão que em casa ele se tornou o atendente oficial de telefone. Estivesse fazendo o que fosse, se o telefone tocasse, saía louco, desesperado para atendê-lo. Era uma grande novidade e uma deliciosa diversão. A impressão que passava era que ele se sentia importante e capaz fazendo aquilo.

Tinha uma nomenclatura própria para os cômodos da casa, a cozinha era o refeitório, os quartos, dormitório, e o quintal era o pátio. Sem falar que, para ele, o que aparecia dentro da geladeira e despensa não eram exatamente as compras do mês, parecia-se muito mais com "doações". Há inclusive uma história de um dos irmãos dele que foi adotado, e dias depois, logo que o pai chegou com as compras de supermercado em casa, ele vibrou e disse animadíssimo: "Nossa, pai! Que legal! Quanta doação!".

A linguagem era cheia de problemas. Possuía um vocabulário limitado e pobre. Pronunciava várias palavras erradas. Trocava letras, tinha dificuldades de expressão. Lembro-me que na primeira semana, enquanto estava de cama curtindo a minha febre, levei-o para estar comigo no quarto, não queria perder tempo, queria gastar o maior período possível do meu dia conhecendo aquela criança. Dei-lhe alguns lápis coloridos e papéis para brincar.

Falávamos sobre várias coisas enquanto ele coloria e, por fim, perguntei:

– O que você está desenhando?

– Um presente para você.

– Sério? Que legal! E o que é?

– Um *cuei,* um *paiaço* e uma *borsa.* (traduzindo: um coelho, um palhaço e uma bolsa).

Tenho certeza que minha febre subiu sensivelmente naquele momento.

Além disso, ele falava rápido demais e, para completar, alto, muito alto mesmo. Na verdade parecia mais gritar do que falar. Isso nos causou grande preocupação, pois pensamos até na possibilidade de alguma deficiência auditiva. Nós o levamos ao otorrino, que fez todos os exames necessários e o encaminhou para uma fonoaudióloga para fazer os últimos testes e, assim, ter certeza do diagnóstico. Depois de tudo feito, veio a conclusão: ele não tem absolutamente nada. Ouve bem e tem todos os mecanismos necessários para pronunciar adequadamente todos os sons que desejar. "Então, por que fala tão alto, doutor?", perguntei intrigada. E ele me deu a seguinte resposta: "Seu filho viveu a vida toda em um ambiente que normalmente é ouvido quem fala mais alto, não espere que isso mude do dia para a noite. Dê tempo ao tempo."

Outro ponto preocupante era a dificuldade que ele tinha de se comportar naturalmente diante de qualquer pessoa que chegasse em casa. De um momento para o outro ele parecia outra criança, fazia graças, dava cambalhotas, corria, gritava, enfim, fazia de tudo para ser visto, notado, admirado. Mais uma vez procuramos ajuda e a psicóloga nos explicou que esse foi o comportamento padrão durante toda a sua história.

Em um orfanato, lugar em que o sonho maior é encontrar uma família, o dia em que aparecia alguém, levava a melhor aquele que fosse mais "engraçadinho". Cada um esforçava-se para se mostrar mais que o outro. E nessa hora valia tudo, cambalhotas, piruetas, malabarismo, abraços, beijinhos e tudo mais.

Lembro-me bem que um dia estava esperando alguém em casa e falei com ele com antecedência, preparando-o para a visita. Disse-lhe que não havia nenhuma necessidade de se mostrar; e pedi-lhe que se esforçasse para comportar-se naturalmente. Para tornar tudo mais claro e palpável, fiz até um pequeno teatro, fingindo ser a visita que estava chegando e o instruindo como proceder. Tudo funcionou muito bem durante o ensaio, no entanto, foi só a campainha tocar e a porta se abrir, para que ele começasse a saltar e dar piruetas diante da visita, fazendo os mais diversos malabarismos.

Não tinha o hábito de cumprimentar as pessoas ao sair de casa ou quando chegava em algum lugar. Aliás, não via necessidade de cumprimentá-las em nenhuma ocasião. Foi muito difícil ele aprender que precisava abraçar e beijar a mamãe e o papai sempre que fosse para a escola ou que de lá chegasse; assim como deveria acontecer ao sair para qualquer outro lugar. Isso realmente demorou a fazer parte de seus hábitos.

Sentia medo. Medo de ficar só em um cômodo da casa, medo de altura, da penumbra, medo de água, de pequenos insetos, terror de baratas, pânico de sangue. Isso tudo me absorvia completamente, pois ele não conseguia ficar só. Se precisasse ir ao banheiro, eu tinha que parar o que estivesse fazendo e ir com ele. Se desejasse buscar um brinquedo em algum outro cômodo da casa, mais uma vez eu tinha de deixar meus afazeres e segui-lo.

Lembro-me que morávamos em um sobrado e certo dia estava super atarefada, com dezenas de coisas por fazer e ele escovando os dentes comigo ali por perto. Ao ver que estava quase terminando, com a porta do banheiro aberta, e ele ainda me vendo, comecei a descer as escadas. Então ele perguntou:

– Onde você vai?

– Na cozinha.

– Tem alguém aqui comigo? (ele quis dizer, no andar em que estava)

– Sim - respondi e continuei andando.

– Quem?

– Jesus.

Ele jogou a escova de dentes longe e saiu correndo atrás de mim.

– Ah não, mãe! Eu quero alguém que eu possa ver.

Era compreensível tamanho pavor de ficar só, pois não experimentara nada igual antes. Estava sempre cercado por dezenas de pessoas. Estar em um ambiente novo, com gente diferente, com hábitos tão distantes dos seus, era realmente algo que metia muito medo. No fundo, ele sentia muita falta daquele lugar barulhento e cheio de gente. Aquilo era sua vida!

Para se ter ideia do quanto era difícil para ele se adequar à nova realidade, três dias depois que chegara em casa, meu marido estava no trabalho, os dois filhos mais velhos na escola, e eu ali por perto preparando aulas; ele me procurou desapontado e disse:

– Mãe, acho que eu quero ir embora.

– Mas por que? - perguntei assustada.

– Aqui é muito chato, não tem uma criança para eu brincar.

E ele estava coberto de razão. De onde viera, nunca faltava um coleguinha para chutar bola; um amiguinho para andar de velocípede; um companheiro para conversar e sonhar sonho de criança.

Agora encontrava-se ali, no meio de muitos brinquedos novos, em um ambiente seguro e agradável, que lhe oferecia o conforto que nunca experimentara antes, com liberdade para abrir a geladeira no momento que desejasse e escolher o que estava com vontade de comer, com uma mulher que podia chamar de mãe, mas longe dos velhos e queridos amigos. Que paradoxo!!!

O medo que sentia de água era algo impressionante. A primeira vez que entrou em uma piscina de verdade (não pequenos tanques), foi um mês depois que estava em casa. Ele desejava muito aquele lugar tão lindo, que mais lhe parecia um grande e infinito mar, mas enfrentar o desafio era algo tremendo e assustador. Ele se agarrava ao pai que o segurava, tremia inteiro e ficava completamente sem cor. Seus músculos pareciam estar todos completamente enrijecidos, mas o desejo de experimentar as delícias daquele sonho, o impulsionava a tentar.

O medo de insetos, em especial de baratas, vinha de um filme horrível que havia assistido no orfanato. Pelo menos essa era a explicação que ele dava. Se é verdade ou fantasia, só Deus sabe.

O que não era fantasia era o pavor que sentia ao ver sangue. Ele fugia, tinha medo de se aproximar. No primeiro domingo que estava conosco, tivemos um delicioso e inédito almoço entre as três famílias que adotaram os três irmãos. Que delícia! Quanta coisa aconteceu naquele dia! E entre elas, copos quebrados pela displicência e confusão no ambiente com tantas crianças eufóricas. Logo os cacos foram recolhidos, mas uma pequena farpa ficou no chão e nosso filho acabou pisando e cortando o pé.

Minutos mais tarde, ao sair à sua procura, encontrei-o no banheiro tentando estancar o sangramento sozinho, cheio de culpa, com medo de que alguém soubesse que estava sangrando e o excluísse, pois de onde viera, sangue era um grande problema e ninguém deveria se aproximar quando alguém se feria. A pessoa ficava só, isolada, até que tudo se resolvesse. Havia soropositivos ali. Essa foi a política mais segura e prudente que encontraram para evitar que as coisas se complicassem ainda mais.

Mas seu maior medo, o que o descontrolava por completo, era a polícia. Se estivéssemos andando de carro na rua e ele visse um carro de polícia, entrava em pânico e deitava-se no assoalho do carro, escondendo-se como o maior dos criminosos.

Só mais tarde descobrimos a origem de tal pavor. É que durante os primeiros anos em que estava no orfanato, por algumas vezes a mãe biológica, estimulada e cobrada pela avó, buscava as crianças para passar o final de semana com ela. A intenção era boa, mas os prejuízos desses raros encontros ecoam ainda hoje.

Sem dúvida, foram as experiências mais sofridas e marcantes que aquelas crianças viveram. E em um desses encontros, elas presenciaram uma terrível briga. A polícia foi chamada e agiu com muita violência; e as crianças viram tudo isso. Naquela ocasião, nosso pequeno tinha menos de quatro anos.

Percebemos também que ele tinha um comportamento muito agitado. Mais uma vez procuramos os médicos. Agora um neurologista, e mais outro, por fim, um neuropediatra, que depois de vários exames e alguns testes nos deu o diagnóstico: TDA (Transtorno de Déficit de Atenção). Isso talvez explicasse o baixo rendimento escolar que tivera até o momento. E também a dificuldade que era mantê-lo quieto ainda que pouquíssimos minutos. Estava sempre falando sem parar, correndo para lá e para cá, em uma inquietação que, segundo os testes, beirava a hiperatividade.

Não era fácil conviver com tudo aquilo. Nossa casa, que fora sempre tão sossegada, perecia agora assolada por um furacão.

Lembro-me que certa vez uma de minhas irmãs, depois de passar algum tempo conosco e ver o quanto ele era agitado, disse:

– Não deve ser fácil ser professora dele.

E eu pensei comigo mesma: "professoras, além de férias têm sábados, domingos e feriados". Desafiador é ser mãe, é ser pai dele ou de qualquer outra criança que exija cuidados e atenções especiais. Desafiador, difícil e, por vezes, cansativo é conviver dia a dia, sem trégua, com uma situação que exige abnegação, entrega e amor.

Interessante como em muitos momentos quando temos que conviver com dificuldades que outros estão atravessando, ficamos loucos para nos livrar logo daquela situação. Uma visita a alguém muito doente, talvez em estado terminal, o conhecimento de uma tragédia que assolou alguém que conhecemos e que precisa receber nosso apoio ou coisas semelhantes. Nosso desejo é sempre o de fazer nossa parte e nos livrarmos o quanto antes daquele clima tão pesado.

Com essa experiência, consegui abrir os olhos para esse tipo de problema e aprendi não somente a admirar, mas também a respeitar pessoas que convivem anos e anos com situações difíceis e desgastantes: um filho especial, a perda de um cônjuge no auge da vida, um longo tratamento de saúde, uma infidelidade conjugal, um acidente que transtorna o curso normal da história. Ou ainda uma esposa que precisa lidar durante anos a fio com um marido insensível, talvez grosseiro ou impaciente, quem sabe ignorante, inflexível ou até mesmo cruel. Da mesma forma, maridos que têm que conviver com uma mulher iracunda, ou quem sabe intransigente, ou consumista, ou aquela cujo coração está totalmente voltado para futilidades. Enfim, dificuldades mil, que existem em toda parte e que são encaradas todas as manhãs por pessoas comuns espalhadas pelo mundo.

No entanto, essas pessoas permanecem ali, firmes, constantes, sem descanso, lutando sem trégua e com intensidade, vivendo com bravura e dignidade o que a vida tem para lhes oferecer naquele momento.

Como precisamos nos sensibilizar mais com esse tipo de gente! Como precisamos olhar com mais carinho e respeito para pessoas assim!

Diante do quadro, eu sabia que nossa luta não seria fácil, e muito menos curta. Mais do que nunca era preciso depender do Senhor.

Ainda tinha também o problema da estatura. Ele era muito pequeno para a idade. Sua aparência era de uma criança de, no máximo, quatro anos. Mas achávamos que já tínhamos problemas suficientes para nos preocuparmos naquele momento. Esperaríamos um pouco para averiguar mais profundamente essa questão.

Além de tudo isso, para completar o quadro, o que mais despertava preocupação era com relação à sua autoimagem. Aí sim, era possível perceber o quanto o poço era profundo. Sua autoestima era baixíssima. Qualquer um valia infinitamente mais que ele. Sentia-se o menor dos menores e, em função disso, era muito desconfortável para ele encarar ambientes diferentes, rostos desconhecidos, olhares com os quais não estava familiarizado.

A realidade de ter sido abandonado o acompanhava diariamente, mas com uma configuração totalmente distorcida. Ele parecia achar que fora abandonado por não possuir nenhum valor. A culpa de ter sido rejeitado era toda dele.

Normalmente é assim que enxergam as pessoas que de alguma forma sofreram algum tipo de abandono. Elas tendem a acreditar que elas são o problema. Tal pensamento, na maioria das vezes, é um grande e cruel engano. Mas essa sombra terrível o acompanhava constantemente. E por mais que nos esforçássemos para mostrar-lhe o contrário, percebemos que não seria nada fácil arrancar as raízes do engano que estavam bem firmadas em seu coração.

E para impedir que as pessoas notassem esse sentimento, ele tentava camuflá-lo com gracinhas, sorrisos, brincadeiras, enfim, fazia tudo que podia para desviar o olhar das pessoas de sua história de dor e miséria e focá-los em coisas cheias de graça e humor.

Sejam sinceros. Diante de um quadro assim, dá ou não para arder em febre?

Eu olhava aquilo tudo e pensava: "Deus, por onde começar? O que fazer? Como ajudar? Isso tudo parece ser muito mais do que eu posso suportar. Será que vou sobreviver a essa tempestade de novidades? Ensina-me a amar esse filho com toda intensidade do meu coração. Ajuda-me a conhecê-lo com profundidade e compaixão. Orienta-me a ser firme quando necessário, mas sempre derramando abundante amor sobre a vida dessa criança. Opera em mim um milagre a cada manhã, pois vou precisar de muita sabedoria para lidar com tudo isso, e reconheço não possuí-la. Tenha misericórdia de mim. Tenha misericórdia dele. Tenha misericórdia de nós."

5

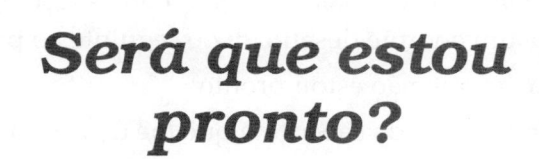

Será que estou pronto?

Novidades! Muitas novidades. A vida da nossa família mudou completamente por conta daquele pedacinho de gente que agora fazia parte dela, e que apesar de pequeno, trazia consigo dilemas gigantescos, profundos e desafiadores.

Eu sempre me pergunto como um pequenino ser como um bebê que acaba de nascer pode provocar tantas reações diferentes em homens e mulheres que se dizem tão fortes e seguros de si. Ao contemplá-los, muitos se sentem o próprio retrato da insegurança e fragilidade. É uma mistura de emoção apaixonada com medo real e latente, que de fato mexe com as estruturas dos mais centrados e seguros de si.

Filho! Só quem o possui sabe exatamente o que estou dizendo. Paradoxalmente, ao mesmo tempo em que os filhos provocam em nós assombro com relação à vida, eles também geram uma vontade sem fim de viver, lutar, produzir, crescer. Sentimo-nos frágeis e inseguros e, de repente, uma força absurda toma conta do nosso ser e desperta em nós um sentimento de quase super-heróis. E aí surge a certeza de que só nós podemos cuidar deles, fazer o melhor por eles, protegê-los, entendê-los, ampará-los. Que vontade de viver!!!

Ao tomar um filho pelas primeiras vezes em nossos braços, nossa mente transita, em segundos, de um lado para outro, por caminhos coloridos, belos, ensolarados, revigorantes, cheios de flores, com riachos transparentes, campinas verdejantes e calmarias; e de repente, sem que possamos controlar, ela se desvia para becos perigosos, esburacados, cheios de curvas, em que surpresas não desejadas podem acontecer a qualquer momento. É uma mistura de força e fraqueza.

Uma inexplicável sensação de poder, que repentinamente se mescla com um completo estado de incapacidade, fragilidade e limitação. Lembro-me de um diálogo que acontece em uma das obras de C.S. Lewis (*O príncipe Caspian* - Martins Fontes, 2008), em que o príncipe, diante de um enorme desafio, diz o seguinte ao poderoso Aslan:

– Eu acho que não estou pronto.

E Aslan, com toda sabedoria que lhe é própria, responde:

– É exatamente por isso que sei que está.

Acho isso maravilhoso, pois revela-nos que os grandes desafios que se colocam diante de nós, podem ser vencidos mesmo quando nos sentimos fracos e incapazes, desde que nos coloquemos sem reservas aos cuidados de Deus. É exatamente assim que ele nos quer, carentes e dependentes diante de seus pés. Cientes, totalmente cônscios de que não estamos prontos, e de que sem ele, nada podemos fazer, porém, é nessa fragilidade que a força e o poder dele se manifestarão a cada novo dia.

Quando nos esvaziamos do nosso "poder", quando entendemos que só ele tem o controle de todas as coisas, sejam elas pequenas, grandes, graves ou banais, quando nos prostramos em dependência sincera e submissa, não há razão para ter medo, pois ainda que nossas mazelas e fragilidades se coloquem diante de nós, nos fazendo sentir pequenos e despreparados, o poder de Deus se manifestará em nosso socorro, pois é justamente isso que ele nos ensina, quando diz que sob seus cuidados, quando somos fracos, aí é que somos fortes.

Debaixo de suas asas encontramos abrigo, segurança, socorro. Sob a luz de suas palavras enxergamos resposta. Envolvidos pelo seu amor encontramos vida. No descanso de sua proteção repousa a segurança e a perfeita paz.

Que grande desafio viver essa verdade! Mas quão felizes somos quando ao menos nos esforçamos para experimentá-la! Viver na dependência de Deus! Viver conhecendo nossas fraquezas e vendo-as se transformar em força a cada novo dia. Viver em paz, sabendo que ele está no controle, crendo que jamais estaremos sozinhos. Viver com a eterna sensação de não estarmos prontos, mas com a plena convicção de que é exatamente assim que deve ser.

Nos primeiros dias, ao olhar para meu filho, eu enxergava tudo no aumentativo. Acho até que essa é uma reação natural na maioria das vezes que atravessamos desafios realmente grandes. Nossos olhos parecem ser tomados por uma mega lente de aumento, e tudo se torna gigantesco, infinitamente maior do que de fato é. As dificuldades saltam à nossa frente. Os pontos complicados a serem abordados se tornam barreiras enormes. E até os pequenos detalhes vão sofrendo mutações e se transformando em muralhas instransponíveis.

Para completar, nossa fragilidade se estampa diante dos nossos olhos e se levanta vigorosa, com uma voz estridente e firme, grita para que os quatro cantos da terra ouçam: o desafio é grande demais, você certamente não vai conseguir. Diante dessa voz, o medo começa a nos tomar, a insegurança começa a ser companhia constante. E o sentimento de impotência passa a ser presença certa.

Todos nós, em algum momento de nossas vidas, vivemos dias assim, em que temos que enfrentar desafios que são como gigantes que nos provocam e ameaçam. Todos nós, por mais seguros, equilibrados e cheios de autoconfiança que sejamos, já experimentamos a sensação de sermos um pequenino ser enfrentando o grande, poderoso e temível gigante.

Todos nós, que sonhamos, que queremos crescer, produzir, aprender, que desejamos coisas nobres, coisas grandes e especiais, cedo ou tarde teremos que encarar nossos gigantes. E é bom que façamos isso com coragem.

Mas onde buscarmos a tal coragem? Onde buscarmos as armas certas para combater esses sentimentos que procuram de todas as formas nos paralisar, justamente nos momentos mais cruciais de nossas vidas? Sem dúvida, se nossos olhos não estiverem fitos no Senhor, certamente vamos nos perder.

Naquele momento, eu não tinha outra saída. Ou eu olhava para Deus, ou olhava para o exército de gigantes que se escondia atrás daquela criança. A minha escolha foi olhar para Deus. *Mas os meus olhos estão fixos em ti, ó Soberano Senhor; em ti me refugio; não me entregues à morte* (Sl 141.8). Assim, continuei caminhando a passos largos, muitas vezes com os joelhos trôpegos, em direção àquela criança, em direção ao meu sonho, ao meu filho.

E coisas inusitadas aconteceram naqueles primeiros dias! E era preciso enfrentar cada uma delas com coragem e fé. Entendo que é exatamente assim que Deus deseja que devamos agir diante do novo, diante das mudanças. Marchando e esperando que ele mesmo nos dirija, que ele abra portas, abra o mar, se necessário for, que faça fluir água fresca e abundante em meio ao nosso deserto. Caminhar esperando que ele supra nossas necessidades físicas, financeiras, emocionais e espirituais, sempre que clamarmos com fé, dependência e submissão.

Mais uma vez citando C. S. Lewis, agora em sua obra *O Sobrinho do Mago* (Martins Fontes, 2010), encontramos algo que se encaixa bem com o que estamos tratando, quando Aslan pede ao pequeno Digory para realizar uma grande missão, e a resposta dele é a seguinte:

– Sim, Senhor. Digory não sabia o que iria fazer, mas naquele momento teve a certeza de que, fosse como fosse, seria capaz de fazê-lo.

É assim que devemos caminhar. Crendo que, ainda que o que se coloca diante de nós seja algo grande e desafiante ao extremo, se tivermos a convicção de que é o Senhor quem nos pede para fazê-lo, seremos capazes.

Quanta coisa mudou! Tivemos que ver escola, comprar material escolar, uniforme e até uma lancheira. Fizemos algumas adaptações em casa, e em especial eu, mudei bastante meu ritmo de trabalho. O que humanamente falando não fazia o menor sentido, pois a família estava crescendo, as despesas aumentando, ou seja, quanto mais dinheiro melhor; e eu diminuindo em um terço minha carga horária?

Tomei essa atitude porque entendia que aquele era o momento de acreditar. Era preciso ter fé, era preciso experimentar o mar se abrir. Pois eu tinha a nítida consciência de que o que ele precisava mesmo era de uma mãe, e não de uma boa babá. Gente que fizesse as coisas ele sempre teve, porém, uma mãe para instruir, ouvir, brincar, dar broncas e tudo mais, ele não havia experimentado ainda.

Nossa casa foi muito frequentada durante os primeiros dias. Muitos apareceram ali para conhecer nosso novo filho e dar boas-vindas a ele. Levavam presentes e muita atenção. Fomos cercados de atenção e muito amor. A igreja que frequentávamos nos apoiou completamente. Como recebemos carinho de cada um deles! Como nosso filho foi acolhido e paparicado! Nossos familiares também, apesar de estarem todos longe, nos deram o maior apoio. Aliás, eles todos, sem exceção, jamais deixaram de nos apoiar, animar e acolher.

Apesar do ambiente cheio de alegria e do clima de festa que envolvia nossa casa, quanto mais eu convivia com aquela criança, mais aumentava uma sensação de vazio dentro de mim.

Certo dia, andando pela casa e vendo as muitas fotos dos meus filhos mais velhos, ele disse cheio de indignação:

– Por que não tem fotos minhas aqui?

– Porque ainda não deu tempo, você acabou de chegar.

– Eu quero fotos minhas aqui.

Lembro-me que certa vez, em um momento em que estava lhe mostrando os muitos álbuns de família, inclusive os álbuns de bebês dos irmãos mais velhos, ele ficou simplesmente indignado.

– Onde está o meu álbum de bebê?

– Você não tem, pois não estava aqui, lembra?

– Eu quero meu álbum de bebê.

Em pouco tempo consegui detectar o vazio que me envolvia. Cada vez que eu olhava para ele, ficava imaginando como teria sido quando bebê. Queria tanto ter estado ao seu lado durante os primeiros meses de vida! O primeiro banho de sol! O primeiro sorriso. Queria ter trocado suas fraldas, visto seu primeiro dentinho nascer, dado a primeira papinha; tê-lo ajudado e encorajado a se sentar sozinho, a engatinhar e a andar. Queria ter tido o prazer de contemplar todas aquelas gracinhas que os bebês fazem e que matam os pais de rir. Eu queria muito tanta coisa...

Eu sentia muita falta do bebezinho. E para piorar meu dilema, lembram que eu dizia para minhas irmãs, na época em que estavam grávidas, que eu também estava esperando um bebê? Pois é, um dos meus sobrinhos nasceu em fevereiro e o outro em abril. Meu filho nasceu em março daquele mesmo ano. Eu ali, a menos de uma hora de distância do lugar que ele fora deixado, pronta, cheia de sonhos e desejo, esperando por uma criança, e ele desamparado, à espera de uma mãe. Minha cabeça parecia dar um nó. Por que tinha que ter sido assim? Naquele momento, eu só conseguia enxergar as perdas, os prejuízos.

Só o consolo de Deus poderia acalmar meu coração tão aflito. Só o descansar incondicional nos braços do Senhor poderia tratar minha mente e coração naqueles dias de tantas crises e questionamento. Só o tempo poderia curar feridas que estavam sendo abertas naqueles primeiros dias.

Mas a vida caminhava. E eu sabia que mesmo vivendo todos aqueles dilemas, era preciso continuar lutando. Naqueles dias levei-o ao salão para cortar o cabelo. Não ficava fazendo propaganda por onde andava de que aquele era meu filho adotivo. Isso nunca foi um assunto velado, pelo contrário, sempre tratamos tudo com muita naturalidade, mas também não fazíamos propaganda ou marketing pessoal. Assim, cheguei ao salão e pedi que cortassem seus cabelos. Enquanto esperávamos, ele viu lavarem a cabeça de alguns clientes no lavatório e achou aquilo interessantíssimo; disse que queria que fizessem o mesmo com ele. Eu lhe assegurei que seria assim.

Foi muito engraçado ver como ele se sentiu especial sentado naquela cadeira, sendo tratado como gente importante. Seus olhinhos brilhavam de alegria. Eles pareciam dizer a todos no salão: "Eu tenho mãe, ela cuida de mim, ela me trouxe nesse salão para eu ser muito bem cuidado!". E eu me deliciava com a cena. Logo depois, durante o corte, algo aconteceu. A cabeleireira, que me conhecia, mas não sabia praticamente nada da minha vida particular, fez o seguinte comentário:

– Nossa! Ele tem uma cicatriz aqui na cabeça!

Eu, mais que depressa, pensando ser algo recente, corri para ver o que era. A cicatriz, apesar de profunda e significativa, era antiga; e é claro, estava completamente curada. Porém, eu, em um momento de distração total, disse para todo o salão ouvir:

– Meu Deus! Não tinha visto isso ainda!

A cabeleireira olhou para mim com um olhar de desprezo e disse:

– Que mãe desnaturada!

Confesso que fiquei um pouco sem graça, mas preferi não estragar a magia daquele momento. Ele estava se sentindo a pessoa mais importante do mundo, se eu dissesse para o salão inteiro ouvir que o havia adotado há poucos dias, ele provavelmente se sentiria meio constrangido. Resolvi apenas receber em silêncio a injúria da cabeleireira, e pronto.

Entendi que precisava saber mais sobre aquela criança. Foi quando decidi voltar ao orfanato em busca de informações. Foi um longo dia! Fiz perguntas sobre sua infância, sua história, sobre acontecimentos que aquelas "tias" tinham conhecimento. Coisas tristes; coisas boas; peraltices. E é claro, a maneira como se feriu, deixando a cicatriz no couro cabeludo.

Enfim, elas me contaram tudo que foram capazes de lembrar. Na ocasião, perguntei também se havia fotos dele ali. Elas entregaram duas caixas enormes, cheias de fotografias soltas e disseram que, se eu quisesse, poderia procurar no meio daquilo tudo. Como foi especial! Em meio a centenas de fotos, encontrei várias fotos dele bebê: sozinho, com os irmãos, com as "tias", brincando, comendo. Encontrei inclusive uma foto de seus pais biológicos, que fiz questão de copiar, porque entendia que um dia ele provavelmente iria querer. E via isso como sendo um direito legítimo dele.

Deve ser muito doloroso não ter nenhum elo sequer com o próprio passado. Tenho pena de pessoas que têm que enfrentar situações assim.

Tempos depois, através de uma amiga médica que tinha acesso a áreas restritas no hospital, tive como adquirir dados interessantes: como foi o nascimento, o peso, a altura, o horário, o desenvolvimento nos meses seguintes, enfim, informações que, além de importantes, todo mundo gosta de ter.

Com isso em mãos, preparei em secreto seu "álbum do bebê". Jamais me esquecerei do momento em que fui colocá-lo na cama, e como sempre fazia e faço, desfrutava de uns minutinhos falando sobre coisas interessantes que aconteceram no dia, ou discutíamos sobre algo que não foi legal (aliás, é bom frisar que meu marido e eu sempre nos revezamos nessa tarefa com nossos três filhos). Pois bem, naquela noite, entreguei o álbum para ele e disse:

– Veja que bebê lindo!

Os dados estavam todos anotados, inclusive o nome dele, mas como ainda não sabia ler, ficou olhando aquelas páginas admirado, pois sempre teve um encantamento por criança. Então perguntou:

– Quem é esse bebê?

Eu disse para ele que tentasse adivinhar. Aí, começou a falar nomes das crianças que conhecia. Sem nenhum sucesso. Por fim disse:

– Quem é, mãe?

– Você. Esse bebezinho é você.

Sinceramente, eu não esperava aquela reação. Ele foi à loucura! Passava as páginas do álbum de lá pra cá. Olhava tudo com uma expressão de incredulidade misturada com alegria, e disse:

– Você estava lá! Você estava lá! Como é que eu não te vi?! Você estava lá!

Diante da conclusão inesperada, assustei-me e disse:

– Estar com você nessa idade era tudo que eu mais queria, mas eu infelizmente não estava lá. Eu busquei essas fotos no orfanato.

Como aquele pequeno gesto fez diferença para sua autoestima! Todos que chegavam em casa eram "obrigados" a ver o seu "Álbum do Bebê". Uma pequena ação, mas que gerara resultados muito gratificantes.

Como eram gratificantes também os encontros que aconteciam entre ele e os dois irmãos que agora viviam na mesma cidade. Aliás, estudavam na mesma escola. Era lindo ver os três se encontrando todos os dias antes da aula começar.

Lembro-me bem de um dia em que os dois meninos estavam batendo papo quando, de repente, chegou a irmã com o cabelo todo enfeitado. Aliás, ela sempre andou como uma bonequinha. Ao verem a pequena chegando, eles correram ao seu encontro e começaram a passar as mãos em seus cabelos dizendo que ela estava linda, muito linda. Nunca vou me esquecer disso.

Uma cena simples e corriqueira para muitos, mas de profunda significância para mim, pois naqueles momentos eu me lembrava da minha lista egoísta, na qual um dos tópicos era: não quero contato nenhum com absolutamente ninguém da família dessa criança. Que bobagem! Quanto egoísmo! Eu não conseguia enxergar que as coisas podem ser muito mais significativas e especiais quando feitas à moda de Deus.

Os encontros entre os três se estendiam às casas de cada um, praticamente toda semana. Era muito estranho ver minha casa agora cheia de brinquedos, crianças, barulho, brigas e tudo mais. Mas apesar de estranho, tudo soava como uma festa, uma doce e maravilhosa festa.

Gostava muito de fazer piqueniques com eles na praça que havia em frente à nossa casa. Levávamos algumas coisas que crianças gostam de comer, uma grande toalha, alguns brinquedos, bexigas, e pronto. Passávamos bons momentos ali. Ele, seus irmãos biológicos e eu. Era uma delícia. Ríamos e brincávamos.

Não posso me esquecer do dia em que o levei pela primeira vez àquela praça. Sua reação foi simplesmente surpreendente. Quando ele viu aquele ambiente enorme todinho para ele, ele corria em disparada o mais rápido que podia de um lado para o outro e gritava, gritava, gritava. Não gritava uma palavra específica, mas apenas gritos de prazer, de vitória; parecidos com os gritos que os atletas soltam ao conseguirem um grande feito.

Sinceramente, eu me emocionei ao presenciar a cena. Ele era o retrato de um passarinho que acabara de sair da gaiola. Aos seis anos de idade, aquela era a primeira vez que passeava em uma praça, coisas tão comuns e corriqueiras na vida da grande maioria das crianças.

A sensação de liberdade o tomava por inteiro, o grito vinha da alma, como se ele estivesse colocando para fora o que estava guardado há anos. Para quem conhecia sua história, era preciso dizer alguma palavra, ou apenas aqueles gritos já diziam tudo?

Finais felizes! Quantos finais felizes vivemos juntos!

6

Finais Felizes

Quem não sonha com finais felizes? Sem sombra de dúvida, esse é um sentimento presente na maioria absoluta da humanidade. Apesar de tão desejados, muitos de nós passamos a vida inteira correndo atrás deles com a sensação de nunca poder alcançá-los.

No entanto, contrariando nossos muitos desabafos cheios de frustrações, a verdade é que nós já temos experimentado "finais felizes" e nem percebemos. Tenho notado que eles são muito mais corriqueiros e naturais que imaginamos. O problema é que voltamos nossos olhos para um futuro sempre tão longe, tão distante, tão irreal, que por mais que coisas grandes, especiais e lindas aconteçam em nossas vidas, nunca conseguimos alcançar nossos dias de "finais felizes", pois eles estão revestidos de uma perfeição inatingível ou encobertos por uma magia fantasiosa, que não combinam em nada com o mundo real em que vivemos, um mundo cheio de lutas e imperfeições.

Assim, por mais que corramos, nos desdobremos e nos esforcemos, os "finais felizes" estarão sempre no nosso amanhã e nunca no nosso hoje. Mas se procurássemos viver um dia de cada vez, como o Senhor nos ensina, perceberíamos com mais facilidade o quanto os "finais felizes" são algo tangível e real na vida de muitos de nós.

Veríamos um final feliz acontecer em nossas vidas ao término de um dia de trabalho em que não tivemos grandes problemas, ou mesmo naqueles em que tivemos sabedoria para contornar um grande problema. Veríamos um final feliz no término de um complicado tratamento de saúde. Veríamos um final feliz no nascimento de uma criança, na aprovação de um concurso, na admissão em um emprego, no casamento de duas pessoas que se amam, em um trabalho bem feito, em uma promoção, em um relacionamento que se inicia, na conclusão de algum curso ou depois de uma noite de amor.

Mais que isso, veríamos um final feliz ao presenciarmos o suprimento de nossas necessidades diárias acontecendo, o cuidado da proteção, da vida, da alegria e da esperança se renovando ao final do nosso dia. Quem dera nossos olhos estivessem abertos para enxergarmos os finais felizes que experimentamos a cada novo dia!

Ao contrário, murmuramos e nos martirizamos na espera e na busca dos dias de "finais felizes", e assim, muitos morrem tendo a sensação de nunca terem experimentado o tão sonhado "final feliz" em sua vida.

Temos a tendência de permitir que as coisas difíceis ou complicadas ocupem um espaço muito grande em nosso coração. Não é sem motivo que o profeta diz: *Todavia, lembro-me também do que pode me dar esperança* (Lm 3.21), e isso nos faz lembrar que deve existir um esforço de nossa parte para trazermos à tona coisas boas e edificantes, porque nossa natureza, quase sempre, tem a tendência de tomar o caminho contrário.

Infelizmente, a maioria de nós tem o péssimo hábito de se esquecer facilmente das conquistas, das portas que se abriram, das saídas surpreendentes quando achávamos que não havia solução, das feridas que foram curadas, dos momentos em que fomos consolados ou que superamos alguma dificuldade. Enfim, ao contemplarmos nossas cicatrizes, aquelas que a vida, o tempo e a história deixaram, temos uma tendência muito maior de nos lembrarmos o quanto elas doeram e nos incomodaram, que do milagroso processo de cura e restauração.

Esquecemo-nos que quanto maior a marca que foi deixada em nós, mais complexo foi o processo de cura. Com muita frequência deixamos de nos lembrarmos que o milagre da cura é sempre maior do que aquilo que gerou a ferida. Machucar, provocar dor, qualquer um é capaz. Trazer cura, cicatrizar, aliviar, só com o remédio certo, no tempo determinado, e não dependerá apenas de métodos ou medicamentos, existe ainda um toque de milagre envolvendo tudo isso.

Quantas coisas boas e especiais temos vivido com nosso garoto! Quantas alegrias ele tem nos dado! Quanto crescimento e motivos para agradecer a Deus! Quantos milagres e finais felizes!

Quatro meses depois de ter vindo para casa, fizemos parte de uma equipe de profissionais da saúde, professores e voluntários diversos, para uma viagem missionária ao Amazonas, com o objetivo de assistirmos durante quinze dias os ribeirinhos de determinada região. Ele nos acompanhou, e nessa viagem teve de encarar dois de seus grandes medos: altura e água.

Foi a primeira vez que andou de avião. A princípio ficamos preocupados com sua reação. Claro que conversamos bastante e explicamos tudo, mas havia certo temor. Engano, ele se saiu muito bem. Amou a experiência e foi paparicado o tempo todo pela equipe, pois era a única criança do grupo, bem como pelas comissárias que lhe ofereciam até lanchinho especial. Que final feliz!

Nessa mesma ocasião, teve a experiência de andar de barco. Nosso percurso na região visitada foi todo feito de barco, um grande barco, com quartos, banheiros, cozinha, áreas, consultórios médicos e dentários. Mais uma nova experiência em sua vida. Para quem, até aquela idade, nunca havia saído da própria cidade, agora estava experimentando, cheio de liberdade, o gosto de navegar em águas profundas.

Que delícia era contemplá-lo no topo do barco, sob o belo pôr do sol de verão, onde a paisagem era imensa e cheia de vida; e o horizonte parecia se perder em uma caminhada sem fim; a cor e o canto dos pássaros, em suas revoadas bem ensaiadas, salpicavam o imenso céu com beleza, barulho e esplendor. Peixes enormes e o balé encantador dos botos cor-de-rosa faziam parte do espetáculo.

Seus pulmões pareciam aspirar, com todas as forças, o perfumado cheiro daquele paraíso tropical. Era tudo muito grande, extenso, cheio de vida e liberdade! Seus olhos se enchiam com tanto encanto e esplendor. Contudo, não mais que os nossos próprios olhos o contemplando nesse cenário. Sem dúvida alguma, para nós, ele era a parte mais linda e comovente daquela bela aquarela viva.

Como se não bastasse, durante essa viagem presenciamos também o milagre de vencer o tremendo medo que ele sentia de água. Acreditem se quiserem, mas aquele que poucos dias antes tremia e se desesperava ao entrar em uma simples piscina, para nosso espanto, estava agora mergulhando e nadando nos maiores rios do Brasil. Sim, ele aprendeu a nadar no Amazonas. Isso não é privilégio para qualquer um. Sem dúvida, vivemos naqueles dias um belo final feliz!

Quando parávamos em alguma comunidade para ali prestarmos assistência, ele logo se entrosava com as crianças nativas do lugar, e ninguém o convencia de que elas não eram japonesas (não sei se ele tinha essa impressão por causa do formato dos olhos e dos cabelos bem lisos, ou se pelo fato de ter viajado para tão longe, ele achava que estava literalmente do outro lado do mundo). Então, brincavam e nadavam juntas, proporcionando um lindo retrato de integração e inclusão, em que o preconceito e as diferenças sociais definitivamente não encontravam forças para se mostrar.

A habilidade que ele possui para qualquer tipo de esporte nos impressiona. Aprendeu a nadar em pouquíssimos dias. E para nossa surpresa total, aprendeu a andar de bicicleta em poucas horas. Joga futebol muito bem, possui habilidades incríveis para qualquer esporte que se propõe a praticar: vôlei, tênis, basquete, etc. Como ele é inteligente quando o assunto é esporte!

Mas sua maior paixão logo se tornou o futebol. Frequentava escolinhas e participava de campeonatos. Na medida do possível, íamos assistir aos jogos e prestigiá-lo. Sentia-se o verdadeiro craque, e nós o observávamos cheios de orgulho.

O presente que mais gosta de ganhar é bola de futebol. As roupas que mais gosta de usar são camisetas de time, em especial ao seu time do coração: Barcelona. Que paixão!

A primeira vez que andou a cavalo também nos surpreendeu. A postura, a coragem, o domínio sobre o animal, tudo era impressionante! Aliás, naquela ocasião, no dia em que o levamos pela primeira vez a uma fazenda, quem ficou impressionado foi ele. Como gostou! Andou de trator, colheu frutas (ele ama acerola), contemplou os animais.

Lembro-me que meu marido o levou até bem perto dos bois e vacas e o encorajou a tocar neles. A princípio sentia medo, mas à medida que via o exemplo do pai, sentia-se estimulado a tentar, a experimentar. Por fim, estava brincando com os bezerrinhos, alimentando os porcos, correndo atrás das pobres galinhas e se divertindo pra valer.

Também me recordo que em poucos minutos de displicência, quando o procuramos, estava deitado em um cocho de madeira que era usado como bebedouro para os animais, e por estar cheio de água, ele o usou como se estivesse em uma fina banheira de hidromassagem. Estava completamente sujo de lama, depois de brincar e rolar no barro escuro, grudento e molhado. É lógico que rimos muito e tiramos dezenas de belas fotos dele curtindo todas aquelas novidades da vida rural. Vivemos um lindo final feliz naquela fazenda!

Aliás, ele sempre amou animais, em especial os filhotinhos. E logo que chegou em casa, vivia pedindo um cachorro. Eu, que já achava que tinha serviço suficiente, me negava sem sentir a mínima culpa.

No entanto, todos os dias em que ia para a escola, ele passava em frente a um *pet shop* e ao ver os animaizinhos se encantava, pedia e pedia por um cãozinho. Eu permanecia firme, inflexível.

Até o dia em que ao passarmos em frente ao tal *pet shop*, ele viu uma porção de pintinhos e disse:

– Ah, mãe! Por favor, me dá ao menos uma galinha!

Não preciso nem dizer que foi o que faltava para me dobrar. Em pouco tempo, ele estava com seu cachorrinho em casa. O que mais uma vez nos surpreendeu, pois esse animalzinho veio encher a família toda de alegria.

Outro passeio que ele amou foi quando o levamos à praia. Isso aconteceu apenas um mês depois de ter chegado em casa. É impossível encontrar palavras para descrever aquele momento. Ao ver toda aquela imensidão diante dele, ficou paralisado. Não sabia o que dizer, as palavras desapareceram, apenas gritos e gemidos saíam dos seus pulmões. O pai o segurou pela mão e foram andando vagarosamente até tocar a água com os pés descalços.

De repente veio uma onda mais forte e o surpreendeu com um banho refrescante de espuma e movimento. Gritos, muitos gritos e gargalhadas de alegria e tensão explodiam no ar. Durante um bom tempo, segurando firme na mão do pai, ele continuou pulando, sorrindo, correndo e fazendo com que seus gritos de satisfação e liberdade ecoassem e ecoassem. Para meus ouvidos, aquelas gargalhadas eram uma das mais belas sinfonias. E, se eu pudesse, a ouviria sempre que desejasse encher minha alma de esperança e prazer.

Bem mais do que com qualquer outra coisa, eu me deleitava com suas descobertas. Contemplava cada detalhe de seu comportamento, enquanto conhecia e desbravava um mundo que ele jamais pensara que pudesse experimentar. Fotos, muitas fotos para registrar tudo, não queria deixar que a beleza daquele momento caísse um dia no esquecimento. Recusava a ideia de um dia deixar de lembrar o quão especial foi cada uma de suas descobertas. Não queria jamais me esquecer o significado que tinha para ele aquele novo mundo que estava se descortinado vagarosamente diante de seus olhos.

Passava longos minutos sentada na areia contemplando meus três filhos brincando, rindo e se divertindo. Jogavam bola, nadavam, rolavam no chão, corriam, gritavam, parecia que se conheciam há anos! Como era possível?! Meu coração se enchia de uma alegria sem definição. Por vezes derramava lágrimas, na certeza de que o sonho antigo, tão desejado, finalmente se tornara realidade.

Quanto mais contemplava tudo aquilo, mais meu coração se alegrava, por saber que ainda que não pudesse mudar a história do mundo inteiro, de alguma forma minha família e eu estávamos contribuindo para mudar a história, ao menos, de uma pessoa que fazia parte desse triste mundo. E assim, esse mundo não seria mais o mesmo, estaria com uma tragédia a menos para entrar em suas estatísticas.

Lembro-me ainda que em um dos momentos em que estava brincando na areia, ele encontrou um pequenino pato esculpido na madeira. Muito lindo mesmo! Ele o limpou com todo cuidado e correu em minha direção para me presentear com a delicada escultura. Guardo-a até hoje não somente como ornamento, mas como uma doce memória, que sempre me remete àqueles dias especiais.

Diante de tudo aquilo, aprendia. Aprendia muito com cada detalhe. Aprendia o quanto deixamos de valorizar a beleza das coisas que nos cercam, às vezes pequenas e simples, mas cheias de encantamento. Também percebia e valorizava cada vez mais a liberdade, a descoberta, o novo. E principalmente, sentia com muita clareza quão preciosos e cheios de riqueza os relacionamentos familiares podem ser na vida de uma criança. Como eles são essenciais! Sem dúvida alguma aqueles dias na praia foram repletos de finais felizes.

Outra coisa que logo nos chamou a atenção com relação ao nosso filho era seu gosto pela música. Ele ainda não toca nenhum instrumento, mas sempre mostrou interesse, e quando desejar, não somente terá nosso apoio para fazê-lo, como temos certeza que se sairá muito bem. Tem uma voz muito bonita, com um timbre diferente e especial. Não fosse a timidez que está sempre incomodando, certamente estaria encantando a muitos com suas melodias bem cantadas.

Sabe dançar como ninguém! Tem uma ginga natural e encantadora. Alegra-nos com sua presença marcante e cheia de vida, colorindo com matizes especiais nossos momentos de intimidade, lazer e descontração. Cada vez que o contemplo cantando, dançando ou contando suas piadas, sinto que estou vivendo mais um final feliz!

O medo de bichos e insetos transformou-se em paixão. Seus livros favoritos são os que tratam do assunto. Virou um estudioso espontâneo dessas espécies. Gosta de vídeos, documentários, reportagens, enfim, tudo que fala de animais, em especial os répteis e aracnídeos. Mais do que isso, tornou-se caçador de pequenos insetos e também de aranhas. Captura várias e as coloca em pequenos vidros. Como ele as admira! O encantamento é total! Na verdade, ele se parece mais com uma presa que se encontra embaraçada em suas teias do que com o caçador, pois ao vê-las, fica totalmente hipnotizado, não consegue ignorá-las. Ele encontra fascinação em tudo que as aranhas fazem. É até perigoso. Precisamos estar sempre o alertando quanto aos riscos que essa delicada paixão inspira.

É dono de um coração sensível e cheio de misericórdia. Está sempre sensibilizado com a dor do outro, comovido com a dificuldade do próximo, e fica completamente irado com a injustiça social e o descaso para com o sofrimento humano. Idosos e crianças encontram um lugar privilegiado em seu coração.

Se ele estiver por perto, absolutamente todos que pedem ajuda precisam ser atendidos. Ele não admite a indiferença. Em sua concepção, a insensibilidade com relação a qualquer tipo de carência, afetiva, física, emocional, financeira, é um dos piores e mais vergonhosos sentimentos que alguém pode carregar dentro de si.

Por isso, em suas mãos sempre existe algum tipo de ajuda para aqueles que dependem da misericórdia de outros para poder se levantar. Um brinquedo para a criança sem diversão, roupa para o que se encontra nu, alguma coisa gostosa para encher seus estômagos famintos, um sorvete, balas e chocolates para fazê-las sorrir. Seja o que for, o que ele quer é acudir o aflito e necessitado.

Também pudera, ele sabe o que é estar com a mão estendida, à espera incerta de que a sensibilidade e boa vontade de alguém venham suprir suas mais básicas necessidades. Ele conheceu de perto, e com muita propriedade, qual é a sensação de estar na outra ponta da escala.

Não tenho dúvidas de que bastava provar umas poucas experiências assim e nos tornaríamos muito mais sensíveis e prontos para socorrer e ajudar. Ao contrário, estamos sempre sensibilizados, mas infelizmente muito ocupados para agir. Dessa forma, a preocupação insaciável em suprir, em primeiríssima mão, nossas incontáveis necessidades, não nos dá tempo para experimentarmos o prazer e a grandiosidade de servir. Sim, nosso filho se preocupa, e muito, em proporcionar momentos felizes para outros.

Experimento também o sabor tão desejável de finais felizes, sempre que ele me abraça com afeto. Quando me procura pela casa apenas para me dar um beijo e dizer, cheio de carinho, que me ama. Quando procura meu colo para aninhar-se. Coisa que, em muitos momentos, cheguei a pensar que jamais iria acontecer.

E a lista de coisas boas continua. Seu jeito especial de tratar qualquer criança é simplesmente impressionante. Elas se divertem em sua companhia. Ele procura de todas as formas agradá-las, servi-las, protegê-las. Brinca com elas, ri para elas e com elas, as carrega no colo, enfim, elas se tornam senhores e ele, um servo dedicado, submisso e fiel. Cada pedido que fazem se torna uma ordem. Cada desejo, uma necessidade que precisa ser suprida e saciada. Por certo, ele age com elas da mesma forma que gostaria que fizessem com ele quando era bem criança. Queria tanto receber atenção! Queria tanto ser notado, mimado, acalentado...

Seu talento na cozinha é notável. Ele se interessa em saber a maneira como cada prato é preparado. Dá palpites em quase tudo e acha uma delícia poder ajudar, aprender, participar. Acho até que existe uma possibilidade de fazer gastronomia um dia, o que me encheria de satisfação e prazer. Eu me sinto dentro de um final feliz quando estamos juntos, meu pequeno *chef* e eu, preparando alguma coisa gostosa na cozinha!

Um dia realmente muito, muito feliz, foi quando comemoramos seu primeiro aniversário conosco. Que festa linda! Sete anos. Nenhum dos meus filhos mais velhos ou meus sobrinhos teve uma festa tão linda, grande e bonita como a dele. Ganhamos praticamente tudo: o salão (um lugar maravilhoso), o bolo (em minha opinião o mais saboroso da cidade), a decoração (que lembrava o fundo do mar com todas as suas belezas e tesouros), os brinquedos e jogos diversos (que levaram a criançada à loucura), o teatro de fantoches (simplesmente especial), a pintura facial na criançada (que encheu o salão de mais alegria e cor), os monitores para brincar com todos e muitos, muitos presentes.

Foi a primeira vez que reunimos a família toda depois que ele havia chegado em casa, já que moramos todos em cidades diferentes. Foi uma delícia ver os primos, os tios, os avós o cercando de carinho e afeto. Os dois irmãos biológicos com suas famílias, é claro, não podiam faltar.

Quantas fotos legais nós temos desse dia! Os três de carinhas pintadas, se abraçando e sorrindo. Eles brincando, cantando, se divertindo, comendo uma porção de coisas gostosas, celebrando um dia muito especial. Muitas lembranças boas!

Também muitos amigos queridos nos alegraram com suas presenças. Havia um amigo especial, alguém que o visitava todos os domingos no orfanato e que o amava com um amor muito sincero.

Esse amigo foi convidado para a festa. Ele morava na mesma cidade em que estava o orfanato que nosso filho vivera. Os pais desse amigo também foram convidados, um casal mais idoso, porém cheio de vitalidade e afeto. Eles também queriam rever o pequeno que tanto amavam e que há meses não viam. Estavam loucos de saudade! Como foi bom e especial conhecê-los e recebê-los. Para nosso filho então, aquela foi uma grande e agradável surpresa.

Conhecer aquelas pessoas foi algo muito marcante para nós. E pudemos saber muitas coisas interessantes sobre a vida de nosso filho através delas, pois eles o viram e o acompanharam durante anos, quase todos os domingos, quando iam fazer as visitas ao orfanato. Mantemos o vínculo com eles ainda hoje. Temos grande consideração por cada um deles. E nosso coração será sempre grato pelo carinho e amor que dedicaram ao nosso filho quando não estávamos lá.

Fico pensando que eles, em muitos momentos, e sem que soubessem, foram nosso abraço, nosso beijo, nosso afeto e nossa atenção dedicada à vida do nosso filho.

Aprendi muito com aquelas pessoas, pois muitas vezes nos escondemos atrás dos empecilhos reais e imaginários que listamos em nossas vidas, e alegamos não poder ajudar ninguém. Tomemos o exemplo da adoção. Quantas vezes já ouvi pessoas dizerem: "Meu sonho é adotar uma criança, mas infelizmente não posso". E às vezes a pessoa realmente não pode, ou não deve. Só que visitar um orfanato de vez em quando e dispensar atenção, carinho e cuidado para alguém é um gesto simples e que está ao alcance de qualquer um.

Quanta alegria uma visita provoca no coração daqueles que vivem em uma situação de solidão e desprezo. Seja em um orfanato, asilo ou hospital. E para quem deseja ajudar, esse ato não requer dinheiro, mudança na estrutura da casa, preparação de um enxoval, envolvimento com juiz, assistente social, psicólogo ou um compromisso irreversível. Não há necessidade de nada disso, basta apenas o desejo de se oferecer. Basta aparecer, de vez em quando, com o coração pronto para derramar alegria, amor e um pouco de atenção.

Acredito que gestos assim são benéficos para ambos os lados. Penso que tais atitudes poderiam mudar a vida não somente daqueles que se sentem totalmente desprezados e sozinhos, mas também dos que se dispõem a praticar o ato de amor e bondade. Pois normalmente quando tiramos o foco de nossas próprias misérias e olhamos com misericórdia para as dores dos outros, percebemos que não somos o centro do mundo. E assim, começamos a notar que ao dividir, dar e ajudar, somos enriquecidos. Ao ouvir, somos consolados. Ao socorrer, somos salvos. Ao dedicarmos amor, somos nutridos de paz.

Ao contrário, a grande maioria de nós se tranca em seu mundinho cheio de compromissos e não tem tempo para absolutamente nada. Vivemos cansados, estressados, porém, cheios de pena e compaixão daqueles que sofrem e vivem na marginalidade.

Aquela família me ensinou a agir, a fazer algo, fazer o que é possível. Eles me ensinaram, na prática, que fazer pouco é muito mais do que fazer nada. Sem que percebessem, ensinaram-me também que o meu pouco pode significar muito, e talvez até ser o essencial para quem não tem absolutamente nada.

Que bom saber que existem muitas pessoas assim! Que bom notar que ainda encontramos gente trabalhadora, ocupada, séria, cheia de compromisso, mas que aprendeu a separar um fragmento de tempo de sua semana, ou do seu mês, para se revestir de amor e se tornar instrumento que gera alegria, remédio que cura feridas, vida que faz diferença.

Aquela senhora, já com mais de setenta anos, podia muito bem passar suas tardes de domingo sentada em uma confortável poltrona, fazendo tricô, sendo servida ou reclamando das dores da idade. Porém, ela escolheu servir. Escolheu ser útil. Sua escolha foi fazer alguma coisa para transformar a vida de outros.

Assim, eles dedicaram e têm dedicado amor e atenção a muitas crianças. E nosso filho teve o privilégio de desfrutar desse amor. O vínculo deles era tão especial que às vezes eles o levavam para passar o dia na casa deles. Ele amava aqueles momentos! Saía dos muros, via coisas novas e diferentes, sentia-se cuidado e querido, ao menos por uns poucos momentos.

Lembro-me que no dia do nosso primeiro encontro, na ocasião em que comemoramos o aniversário de sete anos dele, além de um belo presente, eles levaram também uma sacola de plástico com alguns brinquedinhos que ele costumava brincar quando ia visitá-los. Depois da festa, quando voltamos para casa carregando dezenas e dezenas de pacotes de presentes, fomos ajudá-lo a abrir cada um. Ele ficava super animado com cada novidade que via.

Mas nada se compara à reação que teve quando entreguei a sacola de brinquedos antigos que ele às vezes brincava quando visitava aquela família. Seus olhos se encheram de um brilho especial, um sorriso sem tamanho tomou conta do seu rosto e ele gritava e comemorava ao tomar os velhos brinquedinhos nas mãos. Não queira nem abrir mais nenhum presente. Sua alegria parecia estar completa ao reencontrar um pedacinho do seu passado, da sua história, de sua vida. Confesso que foi difícil controlar as lágrimas.

Aqueles primeiros meses foram cheios de emoção, aprendizado, trocas e muitas alegrias. Quanta coisa boa aconteceu em nossas vidas!

Tivemos o privilégio de levá-lo ao circo e vê-lo completamente maravilhado. Tudo era extraordinariamente cheio de encanto. Nós o levamos também a parques de diversões. Ele gostava, mas ao mesmo tempo, tinha medo de quase tudo. A altura era um problema que definitivamente não queria abandoná-lo. Hoje, ao contemplá-lo rindo, gritando e se divertindo em montanhas russas bem altas, fico muito contente ao perceber o quanto ele tem vencido suas próprias limitações.

À medida que os dias iam passando, parecia que a vida ia se mostrando cada vez mais linda e cheia de coisas interessantes para se fazer. E nossa palavra para ele era sempre de estímulo. Deveria experimentar o novo com coragem e ousadia. Dizíamos que estávamos ali para protegê-lo e ajudá-lo, mas que o prazer de arriscar era algo que ele deveria decidir viver.

Incrível como o prazer parece fazer questão de se esconder sempre onde há um pouco de risco, no que exige de nós umas pitadas de coragem, ousadia e fé. Deve ser por isso que muitos nunca têm o prazer de viver coisas especiais e marcantes em suas vidas. Preferem sempre se firmar na estabilidade concreta e confortável do comum.

Diante dos estímulos, pouco a pouco, ele foi conquistando coisas muito especiais, coisas que muitos adultos nunca experimentaram, ou por falta de oportunidade, ou pura falta de coragem.

Banhos de cachoeira, descer corredeiras em rios caudalosos sobre boias, escorregar em toboáguas enormes, andar de canoa em lagos de águas calmas, pescar na companhia do irmão e do pai, andar de caiaque em represas profundas, saltar de trampolins altos (altos mesmo), tentar capturar com as mãos peixinhos coloridos em córregos de águas cristalinas, brincar de *paintball*, pular em cama elástica o mais alto que puder e dar muitas cambalhotas no ar, fazer trilhas, andar de *jet ski*, teleférico, escalar montes apenas para contemplar a paisagem ou um lindo pôr do sol, acampar, dormir em barracas, brincar de caça ao tesouro, fazer guerra com bexigas de água, enfim, coisas que muitas crianças nunca tiveram o prazer de experimentar.

Também nos divertíamos fazendo coisas do dia a dia: brincar de procurar pedrinhas no fundo da piscina, plantar bananeira embaixo d'água, apostar corrida na praia, na grama, na praça, brincar de pega-pega, esconde-esconde, jogar queimada, peteca, ping-pong, pebolim, boliche, soltar pipa, lançar dardos e tentar acertar o alvo, andar de skate, construir castelos na areia, tomar banho de chuva, brincar no barro e muito mais...

E é também muito legal quando nos sentamos e brincamos de soletrando (incrível como ele é bom nisso!), *stop*, cara a cara, dominó, jogo da memória, ludo, pega vareta, forca, jogo da velha, dama e, acredite se quiser, até a calma e paciência exigidas para os praticantes do xadrez ele, vez ou outra, experimenta com o pai.

É gratificante também quando nos dedicamos a preencher álbuns de figurinhas ou a ouvir e contar boas histórias, sejam elas imaginárias ou nossas próprias. É uma delícia revirar o passado, contar coisas marcantes que nos aconteceram quando crianças. Eu amo contar histórias, principalmente para crianças, e ele se deleita com cada uma delas. Como é prazeroso lermos um livro interessante juntos ou simplesmente assistirmos a um bom filme comendo pipoca.

Enfim, coisas simples, porém muito gostosas de serem feitas. Coisas que muitas crianças hoje não têm experimentado, ou por falta da companhia dos próprios pais, que estão sempre tão ocupados com afazeres "mais sérios", ou por pura falta de estímulo. Muitas crianças, ao contrário, ficam horas e horas presas na frente de uma tela de TV ou computador, acorrentados em um mundinho limitado, cheio de mesmices, em que a criatividade e os relacionamentos geralmente são precários e superficiais.

Fato é que todas as vezes que nos propusemos a viver uma diversão juntos, experimentamos muitos, inúmeros finais felizes. E alegro-me ao perceber que, apesar de achar que quando veio fazer parte da nossa família ele não era tão criança como havíamos planejado, não nos faltou tempo para fazermos juntos coisas simples, porém marcantes e muito especiais. Coisas que muitos pais biológicos, que sempre tiveram seus filhos bem perto, talvez nunca tenham feito. Vivemos intensamente cada momento. E tem sido assim ainda hoje. Estamos sempre à procura de algo novo, desafiador e interessante para fazermos juntos.

Confesso ficar desapontada com a maneira como muitas famílias dizem se divertir hoje. A grande pedida é um bom shopping, em que cada um corre para um lado tentando encontrar algo interessante e moderno para fazer ou gastar. Há pouco diálogo, poucos estímulos, pouco envolvimento tanto afetivo quanto físico.

É inevitável não rir ao relembrar também de alguns de seus episódios. Coisas pitorescas, do dia a dia, mas que geraram momentos agradáveis e felizes em nossa família.

Lembro-me de uma noite, logo que veio fazer parte de nossa família, em que estávamos todos no carro, andando por uma das ruas da cidade, quando de repente apareceu um gato ao longe. Como os faróis do carro bateram diretamente nos olhos do animal, eles reluziram na escuridão de maneira chamativa.

Ao ver a cena ele gritou maravilhado:

– Uau!!! Um gato que acende a luz!

Em outra ocasião, também logo em seus primeiros dias, estávamos na igreja quando meu marido, dirigindo-se a um grupo de pessoas, disse:

– Irmãos, por favor, fiquem em pé.

Eu me levantei e olhei para ele, que permanecia imóvel do meu lado. Fiz alguns gestos na tentativa de que entendesse que era para se levantar. Nada. Permanecia completamente estático. Como não se mexia, abaixei-me e o questionei:

– Você não ouviu ele pedir que ficássemos de pé?

Ele respondeu à queima-roupa:

– Ele disse irmãos, eu sou FILHO.

De fato, ser chamado de filho era algo de especial valor para ele. Algo que desejara tanto e que agora podia finalmente desfrutar.

Enfim, temos vivido muitas coisas singelas, simples, que fazem parte do dia a dia de qualquer um, mas para nós, são cheias de significado. Os momentos em que ouvimos as gargalhadas dele, sempre escandalosas, enchendo a casa de alegria, são alguns desses. Que delícia! Oh, meu filho! Como é bom ouvir você sorrir! Que sensações deliciosas esse som provoca dentro de nós!

Aliás, gargalhadas dentro de casa são especiais! Não importa a hora, são sempre muito bem-vindas! São inexplicavelmente belas e misteriosamente curativas! Não passam despercebidas, mexem, provocam, desconsertam, animam, trazem vida e esperança! Em minha opinião, a gargalhada pura, espontânea e cheia de verdade é uma das maneiras de retratar o significado de "final feliz"!

Quantas coisas boas e preciosas temos experimentado! Não tenho palavras para agradecer. E como disse, para nossa surpresa, a idade definitivamente não foi um empecilho para curtirmos bastante suas descobertas e rirmos de suas gracinhas. Elas foram abundantes!

Entendo que só Deus é capaz de fazer isso. Só ele tem poder para restaurar aquilo que aos nossos olhos parece perdido. Meu coração não acreditava que pudéssemos viver tantas coisas legais com uma criança daquela idade. Achava que a defasagem era simplesmente irreparável. É claro que existem algumas perdas que de fato são incorrigíveis, porém, o Senhor fez do jeito dele, e posso dizer que funcionou muito bem.

Jamais esquecerei um comentário que minha filha fez talvez uns dois anos depois que ele estava conosco:

– Não consigo explicar, mas para mim, meu irmão sempre fez parte de nossa família. A presença dele no nosso meio é tão natural e espontânea, que nem me lembro que ele não está aqui desde que nasceu.

Isso para mim é milagre. Como pode, em tão pouco tempo de convívio, laços tão fortes e verdadeiros se firmarem? Deus, somente Deus, e sempre Deus, agindo naquilo que consideramos impossível, é capaz de operar tais coisas.

O meu anseio é para que Deus sempre me dê olhos sensíveis e ouvidos atentos para perceber cada um dos seus milagres, cada um dos finais felizes que ele mesmo proporciona, graciosamente, na história daqueles que, de fato, se propõem a viver na dependência completa dele.

Claro que precisamos estar conscientes que esses finais felizes que experimentamos, apesar de muito desejáveis e especiais, e de promoverem um bem enorme ao nosso coração, vêm sempre mesclados com uma pitada de imperfeição.

Mas enquanto espero o verdadeiro final feliz, aquele perfeito e completo, aquele que minha alma anseia e um dia desfrutarei, alegro-me de todo coração com o que tenho experimentado aqui, que certamente são apenas lampejos de tudo de extraordinário que virá. E prossigo sonhando e almejando as delícias que um dia certamente viverei.

Talvez, o verdadeiro final feliz possa ser vislumbrado através da experiência descrita, de forma riquíssima, por C.S. Lewis no seu livro *A Última Batalha* (Martins Fontes, 2003):

> *"...Não precisam ficar com medo – disse o Leão. Vocês ainda não perceberam?*
>
> *Eles sentiram o coração pulsar mais forte e uma leve esperança foi crescendo dentro deles.*
>
> *– Aconteceu mesmo um acidente com o trem – explicou Aslam. – Seu pai, sua mãe e todos vocês estão mortos, como se costuma dizer nas Terras Sombrias. Acabaram-se as aulas: chegaram as férias! Acabou-se o sonho: rompeu a manhã!*
>
> *E, à medida que ele falava, já não lhes parecia mais um leão. E as coisas que começaram a acontecer a partir daquele momento eram tão lindas e grandiosas que eu não consigo descrevê-las. E, para nós, isto é o fim de todas as histórias, e podemos dizer com absoluta certeza que todos eles viveram felizes para todo sempre.*
>
> *Para eles, porém, este foi apenas o começo da verdadeira história. Toda a vida deles neste mundo, e todas as suas aventuras em Nárnia haviam sido apenas a capa e a primeira página do livro. Agora, finalmente, eles estavam começando o capítulo um da Grande História que continua eternamente e da qual cada capítulo é muito melhor do que o anterior."*

Confio que meu verdadeiro final feliz um dia chegará! Para mim, e para todos que partilham da mesma convicção, isso é uma realidade. Não há motivo para sentir medo. Uma manhã esplendorosa, colorida com as mais belas e inimagináveis cores, perfumada, linda, clara, refrescante, cheia de descanso, revestida de paz, coroada de glória. Uma manhã assim, um dia vai romper! Como eu a anseio!

Nesse dia, olhando para trás, verei que todos os doces e preciosos momentos que experimentei, em cada ocasião especial de minha história, não passaram apenas de pequeninas gotas de finais felizes diante do imenso, profundo e infinito oceano de felicidade que ali me aguardava.

E estou certa de que meu coração, transbordando de uma alegria jamais experimentada, dirá cheio de fôlego:

– Isso é tudo que eu sempre sonhei e desejei! Enfim, livre de qualquer dor, medo, dificuldade ou limitação. Finalmente, posso dar os primeiros passos no que de fato é um final feliz!

7

Gigantes e ventos contrários

Enquanto neste mundo, é bom lembrar que nem tudo é fácil, simples ou livre de complicações. A vida não é feita somente de finais felizes e era momento de viver e travar várias batalhas.

Sinto grande dificuldade em colocar no papel, transformar em palavras, todo sentimento que acredito ser necessário vir à tona. Sinto-me pequena e incapaz de expressar tudo o que meu coração guarda! É como se ele fosse um oceano de águas profundas e densas, e mergulhar nele vai exigir boa dose de habilidade, para que eu não me perca na escuridão de sua extensão.

Sinto medo de não me exprimir de forma apropriada, de mergulhar até lugares inóspitos, onde a pressão é tão intensa que pode provocar danos. Enfim, não quero desencadear sentimentos errados naqueles que estão lendo minhas palavras.

Por outro lado, temo ser superficial demais e não fazer com que enxerguem nada além do que é normalmente visto a olho nu. Encontrar o equilíbrio para relatar a dimensão exata de tudo o que vivemos nos últimos anos não é uma tarefa fácil. Por isso, minha oração é para que o Senhor me instrua e ilumine, pois sei que este capítulo pode causar reações diferentes no coração de muitas pessoas. Reações que podem redundar em grandes bênçãos para a vida de uns, mas também, se não for bem compreendido, pode gerar prejuízos a outros.

Como disse, confesso estar tomada de temor. Mas o medo faz parte de nossas vidas. Todos sabemos que ele pode ser extremamente sadio, e em muitos momentos, funciona como uma grande proteção para nós. Contudo, ele não pode nos paralisar.

Devemos, sim, ter cuidado, pois muitas vezes ele realmente faz sentido, pois revela uma situação complicada, em que o terreno de tão difícil de ser trilhado, mais parece um campo minado. Por isso, quando sentimos medo, é sempre bom e prudente termos cautela antes de tomarmos a decisão de dar cada passo.

Em muitos momentos difíceis, a única coisa que nos resta a fazer é tomar coragem e prosseguir, ainda que correndo alguns riscos, pois não podemos permitir que o medo roube de nós a alegria de estar no centro da vontade de Deus, fazendo o que ele mesmo nos chamou para fazer.

Fazer a vontade de Deus diante de tarefas simples, que nos agradam ou que não representam nenhum risco, é algo muito fácil e comum. Quase todo cristão consegue fazer isso. No entanto, realizar a vontade Deus, quando essa não é exatamente a nossa própria vontade ou aquilo com o que sonhamos, é algo muito difícil e especial.

Tal desafio certamente vai exigir daqueles que se propõem encará-lo, muito esforço, fé e comunhão com o Senhor, além da ajuda e cooperação de outros, que funcionarão como molas impulsionadoras, animando, estimulando, sendo suportes na hora da tribulação.

De fato há um grande paradoxo envolvendo desafios que surgem na vida do cristão, pois ao mesmo tempo em que eles se mostram grandes demais, alguns até parecem inacessíveis. Para nosso espanto, vemos que eles podem, sim, ser não somente vividos, mas vencidos por qualquer um que se dispõe a se submeter incondicionalmente à direção de Deus.

Nosso Deus é misterioso, tem planos maiores, bem maiores que os nossos, e seus propósitos e caminhos, quem pode conhecer? Sendo assim, não há dúvidas de que ele toma aqueles que se dispõem a se submeterem à sua magnífica vontade, para serem instrumentos valiosos e únicos no cumprimento de seus objetivos.

Quando falo do desafio de cumprir a vontade de Deus, não quero que pensem que estou tratando apenas da questão da adoção. De forma alguma. Como sabemos, esse não é ou será o único e grande desafio que alguém pode viver na vida. Estou falando de desafios de forma generalizada, que surgem diariamente no caminho de qualquer um e que provocam medo, angústia, dúvida, insegurança.

Quero tratar de questões específicas, às vezes extremamente difíceis, que surgem diante de nós e que precisam ser encaradas, vividas e, de preferência, vencidas. Creio que o Senhor nos chama para isso, para lutar dia a dia contra gigantes que nos assustam e desafiam.

Encontramos na Bíblia a história de Davi, um jovem pastor de ovelhas que em determinado momento de sua vida se viu diante de um gigante de quase três metros de altura. A história nos narra que além do peso da responsabilidade que aquela luta representava para toda uma nação, havia também alguns agravantes na vida de Davi que tornavam aquela batalha algo surreal.

Ele era de pequena estatura, não tinha experiência de guerra, não era conhecido por quase ninguém, tinha pouca idade, não sabia usar as armas de combate disponíveis para aquela época, não recebia crédito ou confiança nem mesmo de seus irmãos. Foi pego de surpresa, ou seja, não houve nenhum treinamento ou preparação que antecedesse ao dia da batalha, e para completar, decidiu enfrentar apenas com uma funda (um tipo de estilingue) e poucas pedras, o poderoso e tão temível gigante, que há dias vinha desafiando o exército de Israel, roubando-lhe a paz e metendo-lhe medo e terror.

Enfim, a situação não poderia ser pior. Todos aguardavam o massacre. Imagino que era de dar pena contemplar a cena, que de tão desproporcional, chegava a ser patética. No entanto, para surpresa de todos e espanto que se perpetua de geração em geração, ele saiu daquele campo de batalha vencedor. O temível e assustador gigante, com sua fúria implacável, seu olhar altivo e ameaçador, simplesmente desmoronou diante do frágil pastor de ovelhas.

Milagre? Sim. Milagre do Deus a quem Davi servia. Milagre do Deus a quem ele buscava com fé e dependência. Milagre daquele em quem Davi disse que podia confiar e descansar, pois jamais o abandonaria. Milagre do Deus que luta as nossas lutas, que derruba nossos gigantes, que usa as armas que possuímos para fazer com que sua vontade e querer se realizem na vida daqueles que esperam por ele.

Ainda hoje, assim como Davi, cada um de nós enfrenta gigantes. Temos nossas batalhas. No entanto, hoje, esses gigantes têm cara e formatos diferentes. Eles podem se apresentar como o gigante do medo, solidão, traição, depressão, desprezo, enfermidade, limitação, cansaço, enfim, não importa que cara cada um venha a ter, o fato é que eles são sempre assustadores e parecem muito, muito maiores do que nós.

Seus movimentos nos intimidam, seu olhar lançado sobre nós parece nos fuzilar, suas palavras nos afrontam, sua fúria nos estremece e nos faz sentir muito menores do que realmente somos. Todavia, gostemos ou não, fomos chamados para lutar dia a dia contra gigantes. E o Senhor, como Deus cheio de amor, leva em consideração nossa própria vontade, nossa escolha, nossa opção. Ele, por amor, nos permite agir como desejamos. Basicamente, tomamos um dos três caminhos que passo a mencionar:

Há aqueles que escolhem o caminho do completo comodismo. Definitivamente se recusam a lutar por alguma coisa. Preferem ficar quietinhos, acomodados, acuados diante dos gigantes que os assombram. Ficam totalmente paralisados ou andando apenas poucos centímetros durante anos, porém sem correr riscos, desfrutando de uma aparente calmaria.

Existe um segundo grupo que é seletivo. Esse grupo é composto por gente que escolhe o que quer ou não enfrentar. Eles enfrentam gigantes, mas somente aqueles que lhes parecem convenientes. Isso normalmente acontece quando se tem a clara impressão de que sairão lucrando. Quando sentem que podem enfrentar o desafio, se mostram bem dispostos e cheios de coragem. O problema é que normalmente eles se firmam em suas próprias forças e colocam seus olhos naquilo que é palpável: bens, amigos, cargos, estabilidade, títulos, etc. No entanto, ao perceberem que terão que pagar um preço além do que desejavam, recuam ou culpam Deus pelas frustrações.

Ainda existe o grupo que se dispõe a enfrentar todo e qualquer gigante que se coloca diante dele. Os gigantes grandes, os extremamente grandes, os monstruosos, os furiosos, os que gostam de estender a batalha durante longos períodos, provocando em seus adversários cansaço extremo, levando-os à exaustão. Também os que ele tem poder de aniquilar de imediato, os que agem traiçoeiramente, no silêncio, na escuridão, os que não se preocupam em ter uma aparência de grandes e perigosos, justamente como estratégia para armar o bote, enfim, todo e qualquer tipo de gigante.

Para os que se propõem a viver no centro da vontade de Deus, não importa a cara do gigante, não importa o tempo que a batalha vai durar, mas o que de fato desejam é fazer o que ele quer que seja feito. Em seus corações, o foco é estar no lugar que o próprio Deus determinou que estivessem, vivendo cada desafio que ele permitiu que se colocasse em seus caminhos.

Entretanto, sabemos que as pessoas que formam o grupo considerado "exterminadores de gigantes" não possuem nelas mesmas nenhuma força incomum, nenhum poder extremo. O segredo está na misteriosa ação do todo poderoso Deus operando em suas vidas. Vidas essas que foram antes esvaziadas, para que o poder do Altíssimo as enchesse.

Assim, essas pessoas são não somente chamadas, mas habilitadas para lutarem com intrepidez e coragem incansável. Elas sabem que não podem recuar, ainda que o coração esteja cheio de medo; que não podem desistir, ainda que tudo coopere para que isso aconteça; que não podem permanecer paradas, ainda que o inferno inteiro as tente imobilizar. Por isso, elas buscam suas forças no Senhor, nele esperam e dele dependem.

Desânimo e cansaço muitas vezes surgem na vida desses guerreiros. Mas são sempre renovados, pois o Senhor, o verdadeiro dono da batalha, não os abandona. Ele se faz diuturnamente presente, incansável, imbatível diante das oposições, das dificuldades, das diferenças, dos obstáculos. Ministrando ao coração deles: "Os gigantes são grandes, porém, maior sou eu, que estou com você. Não temas. Marche. Caminhe. Siga sempre em frente".

E ao som estimulante dessas verdades, ele é movido a encarar as lutas gigantescas com a mesma disposição e coragem com que o pequeno Davi avançou em direção a Golias. Davi conhecia muito bem suas limitações, no entanto ele adotou o desafio, e ao fazê-lo, foi dotado de coragem, poder e unção. É nessa perspectiva que devemos caminhar.

Ao longo do caminho, aprendi que ventos contrários podem se revelar como gigantes diante de nós. E como navegadores em um grande mar, estamos sempre expostos a ventos contrários, não podemos no esquecer disso. Seja quando vivemos a simples rotina do nosso dia a dia, seja quando nos aventuramos em grandes projetos, sempre haverá gigantes em forma de ventos, soprando o sopro da incredulidade, do desânimo, da impotência.

E adoção, sem dúvida alguma, é um grande projeto. Não colocamos nosso barquinho completamente inocentes com relação às águas que nos aguardavam. Mas não tínhamos ideia de que os ventos seriam tão avassaladores. Não esperávamos mergulhar somente em águas límpidas e rasas, mas em tempo algum podíamos imaginar que elas teriam tamanha profundidade e densidão. Não acreditávamos que nosso barquinho fosse imbatível, no entanto, nunca pensávamos que ele seria tão exigido e provado. Enfim, nunca pensamos que seria fácil, mas também, não podíamos imaginar que, em muitos momentos, seria tão difícil.

E as dificuldades surgiram em função de um conjunto de fatores, alguns pequenos e simples, porém com seu poder de influenciar no dia a dia de nossas vidas; outros graves e complexos, com potencial até mesmo para nos abater e desanimar.

É lógico que todos sabem dos traumas que uma criança rejeitada carrega em seu coração. Vemos casos de crianças que foram rejeitadas pela mãe durante a gestação, ainda que apenas durante os primeiros meses no útero, e que depois foram recebidas com amor, carinho e toda atenção. Foram bem cuidadas, nutridas, assistidas e protegidas, mas que ainda assim carregam o trauma da rejeição, muitas, mesmo depois de adultas. Isso nos dá uma ideia do quanto o assunto é delicado e profundo.

Agora imaginem o tamanho dos traumas que carrega uma criança que foi rejeitada durante toda a gestação e depois abandonada em um orfanato? Só quem viveu isso na pele, ou quem, com muita intimidade, convive diariamente com alguém que passou por essa experiência dolorosa, é capaz de avaliar.

A dor está sempre presente nas lembranças, os traumas sofridos, desde os mais simples, como a falta de colo, peito, beijo, afago, sorriso, da canção de ninar, das brincadeiras inocentes, até os mais graves, como a falta de segurança, abrigo, presença, carinho, amor; tudo, absolutamente tudo está latente dentro daquele ser.

Parece existir uma sensação constante de desconfiança com relação a qualquer tipo de relacionamento, afinal, quando eram ainda totalmente dependentes e indefesos, quem deveria amá-los e protegê-los não cumpriu sua parte. Assim, será que existiria na terra alguém digno de confiança?

Além de tudo, não tiveram chance de defesa, não tiveram como argumentar, tentar convencer de que a ideia do abandono não era tão boa assim. Alguns deles, simplesmente foram levados, deixados como um pacote qualquer. Banidos de forma brutal, e até inconsequente, do lugar onde deveriam ser o centro das atenções, motivo de alegria e prazer, enchendo o lar com um brilho especial.

Ser rejeitado dói. Não importa se a rejeição vem do chefe, dos colegas de trabalho, dos componentes do time, dos amigos da escola, de algum parente, de um vizinho, de um cônjuge, ou até de uma pessoa que nem damos muita bola ou que tem pouca influência sobre nossa vida. Para sermos sinceros, até a rejeição de um inimigo nos fere e incomoda. Não há dúvida, a rejeição é algo muito doloroso e, definitivamente, não desejamos experimentá-la.

Fomos criados para sermos amados, aceitos, acolhidos. Sentimos falta de toques, abraços, beijos. Nosso ser sofre quando falta a nítida confirmação de que somos realmente queridos. Nosso ego necessita constantemente ouvir da boca de outros que nossa presença é desejável, agradável. E dependendo do relacionamento, queremos mesmo é ouvir que nossa presença é essencial. Por isso dói tanto a rejeição de alguém que deveria nos amar! Sim, a rejeição é uma das faces da dor.

Há algumas exceções, pois existem os casos de crianças que são colocadas para adoção por uma fatalidade da vida, como perda dos pais ou morte da mãe que é sozinha, enfim, uma criança que era desejada, mas que, por força das circunstâncias, não pôde viver com os pais biológicos ou alguém da família. Sim, fora do âmbito dessas exceções, a grande maioria das crianças que estão na fila de espera para serem adotadas, carregam em si traumas profundos e marcantes de rejeição.

Isso faz com que elas se sintam menores que todas as outras pessoas. Provoca crises de ciúmes, insegurança, timidez, retração, mudança de temperamento. Faz com que a autoestima esteja sempre em baixa. E pode levá-las a uma tristeza constante, ou à angústia, ansiedade e até à depressão. Pode fazer com que tenham baixo rendimento na escola, dificuldade de relacionamento ou até mesmo levá-las às drogas e à marginalidade.

É bom lembrar que muitas crianças que nascem em lares cheios de conforto e teoricamente bem estruturados estão vivendo, por várias razões, muitos dos traumas acima citados, e para nossa tristeza, em alguns casos, o motivo é a ausência dos pais, afinal, muitos se esquecem que existem vários níveis de abandono.

Assim, elas têm muitos empregados lhes assistindo, mas passam dias sem ter o colo do papai. Têm as melhores escolas, as melhores roupas, a melhor alimentação e muitas vezes não têm o melhor da mamãe. Sobram-lhes apenas poucos minutos ao final do dia, em que os relacionamentos são superficiais, recheados de estresse, impaciência, cobranças e correria.

E para nossa tristeza, até mesmo os filhos de pais estáveis e famílias bem estruturadas estão, ainda que em menor escala, também sujeitos a todas as dificuldades citadas.

Grande parte das pessoas acha uma loucura adotar uma criança. Acha que isso jamais funciona. Acredita que um filho adotivo só dá trabalho e decepções. Não posso romantizar a questão e dizer que isso é a maior asneira que já ouvi. No entanto, não são só filhos adotivos que se envolvem com drogas, crimes e marginalidade. Até onde tenho conhecimento, a grande maioria dos que se envolvem com isso sabem muito bem quem são seus pais e mães biológicos, e viveram com eles a vida toda.

E para nosso espanto, não são só os filhos das camadas mais baixas da sociedade que compõem esse grupo. Cada vez mais, faz parte dele crianças que foram criadas em "berço de ouro". Sim, criadas em "berço de ouro", embaladas a vida inteira por uma boa babá ou uma competente enfermeira, porque a mamãe e o papai estavam sempre muito ocupados, realizando grandes negócios. Coisas realmente importantes.

É claro que não sou contra a dedicação ao trabalho, seja por parte do homem ou da mulher. O que me incomoda e assusta é como o trabalho ou o desejo de ganhar dinheiro, fazer sucesso, se destacar, ser mais bem-sucedido que outros, tem se tornado uma obsessão para muitas pessoas, e roubado delas a alegria de viver em família.

Infelizmente, classifico o comportamento de alguns pais como excelentes mantenedores de um orfanato particular. Não falta conforto, estrutura, saúde, educação e até lazer de primeira qualidade, porém, se formos bem sinceros, a carência afetiva que se encontra na intimidade de muitos lares que conhecemos é a mesma encontrada no mais simples dos orfanatos. Falta colo, carinho, presença, atenção, tempo de qualidade, dedicação, orientação.

Sendo assim, é bobagem e ingenuidade achar que um filho adotivo será sempre motivo de desgraça e desestruturação. Isso tanto pode acontecer com ele quanto com qualquer um. Aliás, ficamos tristes e desapontados ao percebermos que isso tem se tornado cada vez mais comum, e repito, em todas as camadas sociais do nosso país.

Mas não podemos nos esquecer que uma criança que foi propositalmente rejeitada e abandonada, ao ser adotada virá com boa parte dos traumas que mencionamos, ou talvez outros ainda maiores.

E foi exatamente assim que veio nosso filho. Cheio de traumas. E eles começaram a aflorar nos meses seguintes. Contudo, tentávamos de todas as formas enchê-lo de muito amor e carinho, pois sabíamos que o remédio básico era esse.

Com o tempo fui sentindo certa rejeição com relação à figura materna, o que se tornou uma grande dor para mim, pois meu desejo era pegá-lo no colo, beijá-lo, amassá-lo, fazer cócegas, rir, brincar. Mas ele tinha dificuldade de se entregar ao toque, ao abraço, ao carinho. Vivera anos sem aquilo, por que deveria ser diferente agora?

Confesso que tudo era muito difícil e desgastante, entretanto, nada que fosse impossível de lidar, ou nada fora do normal, considerando o quadro histórico que apresentava. Sabíamos que teríamos que ter paciência em dobro, ânimo renovado todas as manhãs, muita didática, muito tato, muito cuidado para lidar com cada situação.

Sabíamos que estávamos lidando com um "ferido de guerra", e não com um bebezinho esperado, amado e desejado durante toda a gestação, que acabara de nascer. A história era bem diferente, e não tínhamos nenhuma ilusão quanto a isso. Porém, sabíamos que não estávamos sozinhos. Contávamos incondicionalmente com a ajuda de Deus. Aliás, impressiona-me pessoas que se empenham em grandes empreendimentos, como a adoção, por exemplo, sem manterem uma comunhão íntima e diária com Deus. Fico me perguntando: "Como conseguem!?"

E Deus usava pessoas e situações para nos ajudar. Nossos filhos mais velhos foram o exemplo vivo de amor, desprendimento, cuidado, maturidade e grandeza. Quando planejamos adotar uma criança, eles não haviam nascido, mas cresceram ouvindo isso. Só que o tempo passou, e quando tudo aconteceu, eles eram adolescentes. Não achávamos justo tomar a decisão de adoção, àquele ponto da história, sem um consentimento claro e inconfundível da parte deles.

Orgulho-me dos filhos que Deus me deu. A maturidade com que eles lidaram com o assunto nos surpreendeu. Em tempo algum foram mesquinhos. Em tempo algum acharam complicado dividir o carinho e atenção dos pais. Em tempo algum pensaram só neles. Tiveram medo, sim. Mas de forma muito corajosa, optaram por enfrentá-lo.

Meus adolescentes! Diante daquela situação, se mostravam mais maduros e grandes que muito homem barbado por aí. Meus adolescentes! Mais sensíveis e cheios de compaixão que muitos líderes influentes. Meus adolescentes! Retrato e exemplo da piedade transformada em ação.

Hoje, se tivesse de fazer alguma declaração a eles, eu diria:

– Filhos, a mamãe não tem palavras para expressar o quanto se orgulha de vocês! Jamais cairão no esquecimento, a doçura e seriedade com que abraçaram essa causa. Continuem arrojados, corajosos e prontos para viver cada desafio que se colocar diante de vocês. Sabendo que com Deus é possível encarar nossos medos e enfrentá-los com dignidade e coragem. Ainda que para isso seja preciso nos despirmos das nossas próprias vontades, do nosso comodismo e até viver alguns sacrifícios. Mas nada se comparará à satisfação de estar no centro da vontade de Deus. Obrigada por serem tão especiais! Obrigada por sempre, em todo o tempo e abundantemente, exalarem amor, perfumando cada pedacinho do nosso lar!

Voltando ao ponto, a verdade é que nossos filhos sempre nos ajudaram muito em todo o processo de adoção. Não tenho absolutamente nada que reclamar, e sei que isso vem de Deus. Ele os capacitou, os encheu de sabedoria e compaixão.

Meu filho mais velho, inclusive, se dispôs prontamente a dividir o quarto com uma criança. Não é sem motivo que hoje ele é o grande herói da vida do irmão. Ele o admira com todas as forças. O defende, deseja e anseia sua companhia.

Também pudera, eles gastavam horas juntos, brincando, jogando bola, rolando no chão. Que delícia era ver aquelas cenas. Às vezes eu me colocava em um local de onde não podia ser notada e ficava ali, observando eles brincarem. Deleitava-me com suas gargalhadas. Maravilhava-me com as expressões de carinho e afeto. Divertia-me ao vê-los rolando na grama como se fossem dois gatinhos. Que delícia era aquilo! Eles, ainda hoje, vivem uma grande história de respeito, admiração e amor.

Minha filha cuidava dele revestida, dos pés à cabeça, de um incomparável espírito maternal. Quanta doçura ele podia experimentar em cada uma de suas atitudes. Ajudava-o no banho quando necessário, ensinava as tarefas de escola, fazia-lhe cócegas, brincavam bastante, e davam juntos boas risadas. Porém, por mais que ela se esforçasse, nada se comparava à admiração que ele tinha pelo irmão mais velho.

Com o tempo fui entendendo um pouco a razão disso. É que ele não confiava muito nas mulheres. Assim, a ordem de afeto e prioridades em casa era a seguinte: primeiro o irmão mais velho, depois o pai, em seguida a irmã e por fim a mãe. Apesar de nunca ter sido uma pessoa ciumenta, confesso que me sentia um pouco desapontada naquela posição no *ranking*.

Interessante como o abandono da mãe biológica sempre o afetou mais que o do pai. Isso me alertou para uma responsabilidade que vem sendo desconsiderada por muitas mulheres hoje em dia: o inestimável valor do papel da mãe na vida de um filho, em especial crianças menores.

Como já disse, não sou contra mulheres terem sua profissão e seu trabalho fora do lar. Sempre o tive. Mas quando falta bom senso por parte de algumas mulheres, os prejuízos, cedo ou tarde, vão emergir.

O meu alerta é para que haja um equilíbrio e que, independentemente do tipo de trabalho, seja ele comum ou daqueles extremamente almejados e bem remunerados, os filhos e a família não percam o lugar que deveriam ocupar no coração dessa mulher.

Falo por experiência própria. Deus já me deu o privilégio de ter um trabalho muito bom, na época, cobiçado e sonhado por muitos, e que foi uma enorme bênção em nossas vidas. No entanto, devido a muitos acontecimentos, chegou um momento em que eu tive de escolher entre ter um bom salário e uma carreira promissora, ou me dedicar aos meus filhos, pois teria que trabalhar em outra cidade e ficar longe deles.

Não foi uma decisão fácil, e lembro-me que em uma de nossas conversas, consultando nossos filhos, nessa ocasião só os dois mais velhos, perguntamos o que achavam daquela decisão. Nosso segundo filho, que ainda era criança, respondeu:

– É... vamos ficar um pouco mais pobres, mas eu prefiro ter você com a gente.

Foi o toque que faltava. E apesar de ser acusada por grande parte das pessoas de louca e sem juízo, acho que tomamos a decisão certa, pois não tem dinheiro nesse mundo que valha os benefícios que aquele convívio mais próximo gerou.

Credito grande parte do sucesso que tenho no relacionamento com meus filhos hoje, bem como a grandeza de caráter e integridade que lhes são peculiares, ao fato de tê-los colocado como prioridade em minha vida naquele momento crucial e os acompanhado bem de perto.

Sem falar que Deus honrou de outras maneiras e com outros trabalhos as necessidades que aquele salário teria que suprir. Talvez meus filhos não tenham tido todos os mimos e confortos que aquele dinheiro poderia oferecer, porém, conhecendo-os como conheço, sei que não se sentem nem um pouco lesados ou prejudicados por causa disso.

Entendo que existem situações muito complicadas, em que a mãe ou o pai são sozinhos e, se não trabalharem duro, e o dia todo, os filhos morrerão de fome. Compreendo essas pessoas e tenho o maior respeito por elas. Como são guerreiras e especiais! Minha súplica é que Deus as sustente e renove a cada manhã, e que de alguma forma supra cada uma das necessidades afetivas que porventura surja em decorrência da falta de tempo. Mas o meu alerta é para aquelas que podem ter o privilégio de trabalhar um pouco menos e viver muito mais, e não têm desfrutado desse bem.

Voltando ao desenvolvimento do nosso garoto, durante os primeiros meses, a cooperação e apoio dos parentes, dos professores, das famílias que estavam com os outros dois irmãos biológicos e dos amigos, em especial o pessoal da igreja, tudo foi de grande importância para nós. Cada palavra de estímulo e incentivo funcionava como uma injeção de ânimo e esperança aplicada diretamente em nossas veias.

Tudo parecia caminhar relativamente bem. Tínhamos dias mais difíceis, mas no geral as vitórias superavam as dificuldades. Vitória inclusive com relação ao crescimento físico. Ao final do primeiro ano, ele havia crescido sete centímetros, o que é considerado pelos médicos algo simplesmente sensacional para idade em que estava.

Foi um ano muito difícil para todos, mas sem dúvida, para ele foi muito mais. Quanta coisa teve que aprender e a quantas situações teve que se adequar. Cada novo dia trazia uma avalanche de cobranças e exigências naturais para alguém da idade dele, mas que estavam muito além de tudo o que estava acostumado experimentar.

Para se ter uma ideia da quantidade de obstáculos que tinha que enfrentar, tive que me sentar com ele um dia e fazer através de desenhos e teatros uma explanação minuciosa do que era primo, prima, tio, tia, avó, avô, pois tudo isso era totalmente abstrato para seu entendimento. O que as crianças aprendem naturalmente, ele teve de receber em uma aula especial. Dá para acreditar? Em algum momento você já se imaginou explicando para seu filho o que é vovó ou vovô? Nem me atrevi a abordar termos como cunhado, cunhada, sogro ou sogra, preferi deixar isso para quando chegássemos na aula de pós-graduação.

Observava crianças muito mais novas que ele lidando sem nenhum problema com as cores. Para ele, a vida parecia completamente cinza. A impressão que passava era que, até aquele momento, não havia cor. E eu me questionava como deveria ser triste viver durante tanto tempo naquele mundo em preto e branco! Assim, cada uma das cores teve que ser memorizada exaustivamente e em curtíssimo prazo.

Hoje, quando percebo a gama de cores que ele consegue discernir, surpreendo-me. Muitos adultos não possuem essa habilidade, em especial os homens, que normalmente se embaraçam quando o assunto são cores. Parece que o mundo dele de fato deixou de ser preto e branco!

Com relação à vida espiritual, também havia um grande vazio. Ele não sabia absolutamente nada sobre esse assunto. Aos seis anos de idade ele não sabia quem eram Adão e Eva. Deus era algo distante, irreal e fictício. É certo que grande parte da população adulta e bem estruturada vive esse mesmo dilema.

Quando chegou o momento de aprender a ler, achei que ficaria completamente louca, pois ninguém colocava na cabeça dele que ler não era um ato de adivinhação e sim a soma de raciocínios lógicos e coerentes. Por exemplo, ele conseguia identificar sílabas, mas não era capaz de agrupá-las.

Eu perguntava:

– O que está escrito aqui?

Ele respondia:

– "Bo".

– Muito bem! Parabéns! E aqui?

– "La" - respondia ele.

– Ótimo! Excelente!

Logo em seguida, colocava essas mesmas sílabas do lado uma da outra e perguntava:

– Agora me diga que palavra essas duas sílabas juntas formam.

Ele olhava com calma e respondia:

– Elefante.

Era simplesmente desesperador. Ele inclusive não dizia:

– Deixe-me tentar ler essa palavra.

Ele dizia:

– Deixe-me tentar adivinhar essa palavra.

Hoje, tudo isso parece engraçado, mas no momento em que estávamos vivendo, parecia uma sessão de tortura. De fato é assim que enxergamos grande parte das nossas dificuldades quando olhamos para trás. Muitas de nossas limitações se tornam engraçadas e até motivo de risos e piadas. Só que no momento em que as estamos vivendo, não existe graça nenhuma.

Fato é que a defasagem era inegável e desafiadora. Não havia uma área sequer na vida dele que não tivesse sido afetada em função do abandono. Não conseguia se organizar, perdia as coisas com muita frequência. Materiais escolares, borrachas em especial, eram um problema para ele. Nós comprávamos muitas delas de uma única vez, pois ele perdia em média três borrachas por semana. Era desgastante e difícil lidar com toda aquela situação, pois viver isso duas ou três semanas é chato, porém suportável. Agora, viver isso durante meses sem fim, é simplesmente o caos. Precisávamos nos revestir de muita paciência.

Ele parecia deixar aflorar toda a confusão que havia dentro dele. Seu mundo estava de cabeça para baixo, com muita coisa fora do lugar. Eu comparo isso com a mesma confusão que acontece quando qualquer um de nós muda de casa. Quem já passou por essa experiência, sabe do que estou falando. A bagunça é generalizada. Tudo parece perdido, não encontramos nada que precisamos e queremos. E é preciso paciência e tempo para colocar as coisas em ordem, mas a sensação é de que jamais conseguiremos nos organizar novamente.

Nosso filho estava com seu mundo interior muito confuso, e essa confusão transbordava em suas atitudes. Às vezes fico pensando que, por mais que tentemos disfarçar, nosso comportamento será sempre uma imagem colorida, cheia de movimento e em alta definição de tudo aquilo que guardamos dentro de nós.

Apesar dos ventos contrários e de alguns gigantes que vez ou outra se levantavam em nosso caminho, seguíamos animados e cheios de muita esperança.

No entanto, algo totalmente inesperado aconteceu. Em dezembro daquele ano, um ano e três meses da data que o havíamos adotado, chegou-nos a informação de que o irmão mais velho seria devolvido ao orfanato.

Essa notícia nos deixou completamente sem chão. Nós sinceramente não queríamos acreditar que aquilo fosse verdade. Porém, não só era verdade, como no dia vinte e seis de dezembro daquele ano, ele foi levado de volta ao mundo sem cor.

Um gigante assustador se levantava diante de nós naquele momento. Tempos mais difíceis do que jamais tínhamos imaginado, estavam se iniciando.

8

Dor

Não tenho palavras para expressar quão difícil foi explicar para nosso pequeno o que estava acontecendo. Ele simplesmente não se conformava com a ideia do irmão ter que voltar para o orfanato. Nada mais natural. É difícil transcrever em palavras as dificuldades que tivemos que enfrentar naqueles dias. O sono foi embora, a paz tornou-se difícil de ser encontrada, as esperanças perderam fôlego e um milhão de dúvidas e questionamentos invadiam nossas mentes e corações. O que poderíamos fazer? Como resolver a questão?

Com muita precisão, a resposta vinha facilmente na boca de muita gente: "É claro que vocês têm que adotar essa criança". Falavam convictos e cheios de autoridade, como se isso fosse a coisa mais simples e natural do mundo. Como se o ato de adoção se resumisse a uma única atitude, e não um compromisso profundo para toda a vida.

Alguém com muita sabedoria certa vez disse que o que nós ouvimos e vemos, depende do lugar em que nos colocamos, como depende também de quem nós somos. Como isso é verdade! Como é fácil encontrarmos soluções para os problemas dos outros!

Nossa cabeça ziguezagueava em uma confusão sem fim. Nossos pensamentos se confundiam e embaraçavam cada vez mais. Orávamos e buscávamos a orientação de Deus. Só de me lembrar daqueles dias, meu estômago se contorce. Mas ali eu só estava começando a visualizar a dimensão de quanta agonia é capaz de caber dentro de uma alma. Muito choro saía do nosso peito, muitas lágrimas invadiam nossos olhos. Dor. Experimentamos dias de muita dor.

Havia o gosto indesejável do sofrimento espalhado por todos os lados: meu marido e eu, nossos filhos biológicos, a irmã dele que havia sido adotada antes dele, as crianças do casal que estava devolvendo o menino ao orfanato, e acredito que o próprio casal, sem falar nos amigos, parentes e conhecidos. Porém, nada se comparava à dor da criança que estava sendo devolvida e a dor do nosso pequeno.

Nossa cabeça estava em total conflito, havia muita emoção envolvendo a questão, muitos sentimentos obscuros e mal resolvidos dentro de nós. Sabíamos que não era o momento de tomar nenhuma decisão importante e definitiva. Estávamos lidando com vidas preciosas e de forma alguma queríamos *"pisar na cana já quebrada"*. Então, decidimos que não faríamos absolutamente nada naquela hora.

Assim que ficamos sabendo o que iria acontecer, levei o irmão para passar uma tarde de sábado em nossa casa e expliquei ao meu filho que aquilo seria uma provável despedida. Brincamos, fomos à pracinha, corremos, fizemos piquenique, conversamos bastante, e eu presenciei, não apenas uma ou duas vezes, nosso filho caçula aconselhando o irmão.

Algo que sempre me chamou a atenção é a maneira misteriosa com que surge, de repente, de dentro dele, um homem maduro e cheio de experiência. Ele pode ter várias áreas de deficiência com relação às crianças de sua idade, mas no quesito experiência com sofrimento, não é qualquer um que entende tão bem do assunto. Às vezes, ele fala com muito mais propriedade do que muita gente considerada madura.

Naquela tarde nos despedimos e deixamos que os planos acontecessem como estavam programados. Limitamo-nos apenas a nos submetermos à triste e desgastante situação dos dias seguintes que nos aguardavam.

Como estávamos próximo das férias, viajamos, encontramos com nossos familiares e, apesar de não pararmos de pensar no assunto, descansamos um pouco a cabeça. Fora da nossa cidade, longe da nossa casa e da nossa rotina, para ele, tudo parecia normal.

Mas a vida mudou, e mudou muito. Logo que voltamos de férias e novamente à rotina, uma enorme nuvem de decepção, tristeza, revolta e questionamento invadiu o coração do nosso menino. Ele reclamava, dizia que estava com saudades, queria respostas, recusava-se a aceitar aquela situação. E começaram as crises. O primeiro sintoma foi a enurese noturna. O que nunca havia acontecido desde que chegara em casa, agora, quase aos oito anos, tornava-se parte da rotina. E todas as manhãs ele amanhecia com o pijama e as roupas de cama molhados.

Procuramos um médico e ele disse que era uma reação normal para uma criança daquela idade diante de uma situação de tamanho estresse, e que em pouco tempo se resolveria. Ledo engano. Durante longos anos tivemos que lidar com tamanho desconforto e constrangimento. Com o passar do tempo, talvez uns três meses depois dos primeiros episódios, percebemos que ele iria realmente precisar da ajuda de medicamentos para ter um pouco mais de qualidade de vida. E assim foram os anos seguintes.

Normalmente sob efeito do medicamento tudo ia bem, entretanto, quando as crises e ansiedade aumentavam, nada era capaz de resolver o problema. Meu marido chegava a levantar até duas vezes durante a noite para levá-lo ao banheiro, e ainda assim não era suficiente. Parecia haver um rio jorrando de dentro dele. Todas as manhãs, durante longos períodos, às vezes durante um ano inteiro, eu tinha roupas e roupas para lavar. Era difícil e desgastante para mim, e extremamente constrangedor para ele, que na época já tinha quase treze anos.

Tal desconforto, a enurese, o privava de ir dormir na casa de amigos, acampamentos, noites do pijama promovidas pela escola, etc. Causava-lhe também grande desconforto quando viajávamos. Ele ficava completamente tomado pela ansiedade. Orávamos, jejuávamos e esperávamos o tempo de Deus para nos socorrer com aquela questão.

O comportamento dele mudou radicalmente na escola. Passou a ser um aluno irritadiço, displicente, agitado e com baixo rendimento. Tornou-se comum envolver-se em confusões na escola. As primeiras vezes em que fui chamada, fiquei em estado de choque, porque isso nunca acontecera antes com nenhum dos três filhos.

Lembro-me que um dia voltei da escola dele completamente desolada, depois de uma reclamação da professora. Eu chorava sem parar. Depois de algum tempo, essa rotina se tornou tão comum, que eu ia para a escola ouvir reclamações sobre seu desempenho e comportamento como se estivesse indo para um encontro qualquer. Você deve estar pensando que perdi a vergonha, não é? Nada disso, é que eu tinha problemas ainda maiores para lidar.

Por exemplo, o crescimento físico dele, que no ano anterior tinha sido espetacular, estava agora comprometido. Ele parou de crescer. Na verdade, para nosso desespero, naquele ano ele não cresceu um único centímetro.

Deixe-me agora adivinhar seus pensamentos. Primeiro, você deve estar se questionando o que estávamos fazendo enquanto tudo isso estava acontecendo. Segundo, você deve estar pensado se não seria mais fácil adotar o irmão devolvido e livrar-nos de todo esse sofrimento. Sou boa na adivinhação, não?

Vou responder a primeira pergunta. Enquanto tudo isso estava acontecendo, nós tomamos as seguintes decisões: em primeiro lugar ele precisava de uma ajuda psicológica e começou sessões semanais com uma terapeuta logo que voltamos de férias. Também o levamos a um psiquiatra e buscamos ajuda medicamentosa. Procuramos três endocrinologistas diferentes para nos orientar com relação ao problema de crescimento. Falava abertamente na escola sobre o caso dele e tudo que estava enfrentando, para que houvesse o máximo de compreensão da parte dos professores e coordenadores. E o cercávamos de carinho, atenção, diálogo aberto e muita compreensão.

Quanto à segunda pergunta, confesso não ser nada fácil respondê-la. Minha vida durante os primeiros dias após a volta do irmão dele para o orfanato se transformou em uma grande confusão. Sentia-me completamente culpada por não adotá-lo, mas meu coração não o enxergava como filho, o que me enchia ainda mais de culpa.

Assim como sentimos um medo enorme antes de adotar nosso filho, um medo ainda maior invadia meu coração. Agora eu não era mais aquela mulher sonhadora e cheia de romantismo com relação à adoção, que pensava o seguinte: "Eu quero, a criança precisa; seremos felizes para sempre!". Doce ilusão! A verdade nua e crua da questão é bem diferente e muito mais cheia de complexidade. Talvez seja justamente por não ter consciência dessa verdade, por não ter esclarecimento, orientação e preparação adequados, que algumas famílias não conseguem lidar com tal situação.

Agora eu sabia na pele o que era uma adoção. Agora eu conhecia as delícias desse ato, suas alegrias, recompensas e satisfações; mas também conhecia as dificuldades, as muitas barreiras e, em especial, o tempo de dedicação e resignação que é requerido de quem se propõe a vivê-la.

Naquele momento, eu sentia que seria muito para mim. Como seria muito exigir dos meus filhos mais velhos tanta mudança dentro da nossa casa. Nosso caçula já tomava diariamente boa parte do meu tempo. Meu marido e meus filhos mais velhos nunca reclamaram, mas eu sabia que nossa vida havia mudado bastante e, apesar deles compreenderem que naquele momento o caçula era prioridade, é claro que se sentiam um pouco em desvantagem com relação à minha presença.

E eu definitivamente não desejava acertar uma situação e provocar prejuízo em outra área da vida. Sem falar que existia também a questão financeira, que de forma alguma poderia ser desprezada. Não basta querer um filho, é preciso ter condições financeiras para criá-lo. Ao menos é assim que tenho visto a maioria dos pais conscientes decidirem se podem ou não terem mais filhos. Com relação à adoção, não funciona diferente.

Nesse momento, eu é que fui parar em um psiquiatra. Meu coração se derramava de angústia. Sabia que se não recebesse ajuda ficaria completamente desequilibrada, e desequilíbrio não combinaria nem um pouco com aquela situação. Pelo contrário, só complicaria tudo.

Ouvi da boca do psiquiatra algo muito simples, mas que fez todo significado para mim. Ele perguntou se o que me motivava a adotar era a criança em si ou o desejo de ajudar meu filho. Eu disse que tinha profunda compaixão pela criança, assim como tinha pelas muitas que via todas as vezes que ia ao orfanato, porém, a motivação seria meu filho.

Ele me alertou para o perigo que isso significava e para o peso que isso geraria sobre a vida do meu filho. Ao mesmo tempo em que ele poderia se sentir eternamente grato a nós por tal ação, ele também se sentiria eternamente responsável por aquele irmão. Ele alertou para o mal que aquilo poderia representar na vida presente e futura dele.

Palavras sábias que me ajudaram muito a tomar a decisão final. Da mesma forma que nenhum de nós pode, e muitas vezes não quer, se responsabilizar pelos atos de nossos irmãos, não seria justo derramar toda essa responsabilidade sobre ele. No momento ele poderia até não compreender e nos ver como pessoas insensíveis e sem coração, mas um dia ele entenderia.

Assim, nossa decisão foi não adotar. Não foi fácil dizer isso para o nosso filho, mesmo porque, o argumento levantado pelo psiquiatra não faria o mínimo sentido para ele. Dessa forma, nem tentamos usá-lo, porém, minha promessa era que faria tudo que pudesse para encontrar uma família para o irmão dele, e também o levaria sempre que desejasse para vê-lo.

Promessa feita, promessa cumprida. Sempre que desejava, o levávamos até o orfanato para se encontrar com o irmão. Confesso que na primeira visita não tive coragem de ir. Estava tudo ainda muito recente, meus sentimentos confusos e mal organizados, minhas emoções à flor da pele. O choro acontecia muito facilmente e eu não queria complicar a situação.

Meu marido estava com a perna imobilizada e não podia dirigir. Então, pedi a uma amiga querida que levasse meu filho e meu marido até à cidade do orfanato, e que me substituísse naquele momento delicado. Que ajuda dos céus! Ela prontamente atendeu ao meu pedido e ele finalmente pode rever o irmão.

Ela disse que se emocionou e até chorou em várias ocasiões daquele encontro. Passaram o dia em um parque. Ali, brincaram, se abraçaram, se divertiram e por fim, cada um tomou o seu rumo. Por mais difícil que fosse, era preciso ir se acostumando com a nova rotina.

Mesmo antes do nosso filho ir para nossa casa, eu já trabalhava como voluntária em um projeto social que assistia crianças carentes.

Durante dois anos, inclusive, fui coordenadora desse projeto. Estava acostumada a lidar com a carência e abandono. Convivia diariamente com mais ou menos setenta crianças que experimentavam vários tipos de abandono e maus tratos. Eu as amava de todo coração e procurava oferecer o melhor de mim para cada uma delas.

Tenho guardadas muitas e muitas cartas que algumas daquelas crianças me escreviam pedindo que as adotasse. Não é simples receber uma carta de uma criança dizendo que quer você como mãe. Como tudo isso era difícil para mim, pois eu tinha um vínculo com elas, conhecia suas histórias, convivia com suas dores! Mas não era possível responder ao clamor e às necessidades de cada uma delas. E agora, avolumando essa lista de clamores, havia mais um. O irmão do meu filho. Que difícil! Que dilema! Que dor!

Quem convive mais de perto com o sofrimento e o abandono de crianças pode entender melhor o que estou dizendo. O desejo de quem está envolvido é sempre ajudar, porém, é impossível satisfazer ou suprir todas as suas carências. Há um limite.

O tempo ia passando, enquanto isso, eu não descansava. Meu maior objetivo era tentar encontrar uma nova família para aquela criança. Entrava em contato com pessoas diversas, com instituições, com igrejas e organizações. Durante esse processo, e por meio da minha intermediação, seis crianças daquele orfanato foram adotadas, todas mais novas que ele, é claro. No entanto, quem eu mais queria, ainda estava lá esperando e esperando.

Continuávamos visitando-o com frequência até que, certo dia, percebi algo diferente no comportamento dos dois irmãos. Eles pararam de brincar e começaram a conversar como se fosse dois adultos. O que estariam falando? Momentos depois eles vêm em minha direção e meu filho faz, à queima roupa e na frente do irmão, a pergunta que estava engasgada na garganta dos dois há muito tempo: "Mãe, por que você não adota o meu irmão?" Tive que ser muito clara, firme e positiva naquele momento.

– Querido, já conversamos muito sobre isso. Você conhece muito bem todos os meus argumentos, mas vou repeti-los resumidamente para vocês. Há pelo menos três coisas que são extremamente necessárias para que haja uma adoção. Antes de tudo, é preciso um desejo que Deus coloca em nossos corações. Segundo, é preciso disposição dos pais e da família em obedecer esse desejo incondicionalmente. E por último, é preciso condições financeiras, dinheiro, para que essa criança receba os cuidados básicos necessários.

Em meio a lágrimas meu filho disse:

– Eu vi cinquenta reais na carteira do meu pai hoje.

Em outras palavras: dinheiro não era problema. Para ele, cinquenta reais eram suficientes para resolver os problemas da vida.

Em seguida, olhei firmemente para os dois e disse.

– Não esperem isso de mim, porque isso não vai acontecer. Não estou lhes prometendo absolutamente nada além do que tenho feito. Não encham o coração de vocês de falsas esperanças, isso só vai causar mais frustração e dor. Amo vocês e quero muito ajudá-los, mas no momento o que posso oferecer é o que tenho feito. Mais que isso eu não consigo. Por favor, entendam.

Beijei e abracei longamente os dois e pedi que fossem brincar. Não sem antes prometer que continuaria procurando uma família para ele. E realmente cumpri minha promessa. Tentei até adoção internacional, mas tudo sem sucesso.

Cobrei muito de mim mesma, acreditando nas pessoas que me culpavam e intimidavam o tempo todo e diziam que eu deveria dar um jeito nessa situação. Pessoas que olhavam para mim, com um olhar de "não é possível que você não adote essa criança", e jogavam uma carga enorme de responsabilidade sobre meus ombros e de minha família, como se fôssemos os responsáveis por tudo o que aconteceu. Bem ao contrário, sempre tentamos fazer parte da solução.

Meu marido, apesar de se compadecer daquela situação delicada e tentar resolvê-la, não sofria com nenhum tipo de dúvida com relação à adoção. Ele conseguia com muita clareza separar um problema do outro. Ele estava pronto para fazer algo que pudesse ajudar a criança, porém a adoção estava fora de cogitação. Talvez, parte dessa postura tenha a ver com o trabalho dele, que o levava dia a dia a lidar com situações tão ou mais difíceis e delicadas do que aquela.

Enquanto isso, eu, por mais que tentasse, não conseguia alcançar esse estado de paz. A minha alma se via perturbada. Talvez seja a própria natureza feminina, que em geral tem dificuldade em separar razão e emoção.

Assim, revestida de emoção, mergulhava de cabeça no problema, como se ele fosse inteirinho meu. É incrível como, às vezes, temos facilidade em tomar questões que não nos pertencem e transferi-las para a nossa responsabilidade. Isso se torna ainda mais comum quando há uma pressão externa fazendo com que nos sintamos assim.

O que havíamos nos proposto a fazer, estávamos cumprindo de todo nosso coração. Estávamos criando nosso filho e vivendo cada luta e dificuldade que se colocava diante de nós. Mas as pessoas pareciam não notar isso, elas não se davam por satisfeitas, queriam mais, e assim, cobravam. Aprendi muito naqueles momentos. Aprendi inclusive que não podemos viver e resolver as dores que assolam as pessoas que amamos. Ainda que essa pessoa seja nosso próprio filho. Podemos, sim, tentar amenizar essa dor. Ou tentar de alguma forma sermos úteis e prontos para ajudá-los no que for possível, ou confortá-los, ampará-los e até chorar com eles e por eles. No entanto, cada ser humano precisa aprender a conviver com suas próprias dores e frustrações. Essa é uma verdade que vale para todos, mesmo que esse ser humano seja nosso filho.

Não podemos modificar nossa vida em questões sérias e vitais tão somente para evitar que nossos filhos enfrentem a dor, a crise, a perda. Isso é impossível. As dores são inevitáveis e sempre estarão nos rondando. Precisamos, sim, ensiná-los a enfrentá-las com coragem, firmeza e fé.

Podemos ajudar um filho que é reprovado em algum concurso, mas não podemos impedir que isso aconteça. Podemos ajudar um filho que perde um cônjuge ou vive a morte de seu próprio filho, mas não podemos evitar que isso aconteça. Podemos ajudar um filho a enfrentar a traição, a separação, o divórcio, mas não temos poder para fazer com que essas coisas não o atinjam. Podemos ajudar um filho em sua enfermidade, mas não podemos viver a enfermidade dele. A dor faz parte da vida, e é sábio aprender a lidar com ela o quanto antes. Nosso filho, apesar de tão jovem, precisaria aprender a conviver com aquela dor. E estaríamos ao seu lado, ajudando-o e tentando torná-la menos cruel.

Foi muito difícil enfrentar aqueles dias. Sentia que estava carregando um peso enorme, mas meu sofrimento, pouco a pouco, ia amenizando, à medida que entendia que minha família e eu, de alguma forma, estávamos contribuindo para diminuir esse quadro tão triste e degradante do abandono de crianças em nosso país. Ainda que estivéssemos cooperando para mudar a vida de uma única criança entre as milhares que existem nessa condição triste e dolorosa, ao menos não estávamos parados. Bem diferente de muitas pessoas que nos cobravam com intimidação e veemência, mas não estavam dispostas a fazer absolutamente nada para mudar essa situação.

Assim como o irmão do nosso filho, existem centenas e centenas de crianças precisando de um lar, de uma família, precisando de amor. Basta visitar qualquer orfanato ou casa de apoio para menores e é possível ver que não há qualquer exagero. Isso tem sido parte da minha vida.

Ainda hoje visito o orfanato ao qual meu filho pertenceu. Lá, ouço essas crianças, suas histórias, suas dores, seus sonhos, seus anseios mais profundos. A conclusão que consigo chegar é que há muito o que fazer, entretanto, definitivamente, por mais que queira, não podemos consertar o mundo sozinhos. Podemos, sim, fazer uma parte, mas precisamos de muitos outros, precisamos também daqueles que criticam, cobram e se dizem sensibilizados.

Temos uma prontidão assustadora para recriminar os outros. É preciso muito cuidado, pois conhecemos sempre uma boa solução para os problemas alheios. Somos precipitados em nossos julgamentos, críticas e cobranças. E muitas vezes nos esquecemos que o grande desafio não é termos uma boa opinião, mas é fazermos parte da solução, é nos dispormos com inteireza de coração para fazer diferença.

Lembro-me de algo interessante que aconteceu durante o período em que estava tentando conseguir uma família para adotar o irmão de nosso filho. Como não sabia quem desejava ou sonhava com adoção, de vez em quando perguntava para um ou outro casal se não havia neles o desejo de viver tal experiência. Afinal, foi exatamente assim que alguém descobriu que desejávamos; foi através de uma simples pergunta que tudo aconteceu.

Na ocasião estávamos com um casal de amigos, gente muito boa mesmo. Família muito bem estruturada em todas as áreas da vida. Viviam em uma casa enorme e muito bonita, mantinham laços de amizade com pessoas que os admiravam e os cercavam de carinho e atenção. Um casal jovem, culto, criativo e cheio de pique, e que estava experimentando um tempo novo em suas vidas, seus filhos haviam acabado de sair de casa e estavam cursando faculdade em outra cidade.

Então, o esposo nos disse com os olhos brilhando de alegria:

– Estamos vivendo um momento delicioso em nossas vidas! Estamos bem em nosso casamento e nos sentindo completos, desfrutando de alegria e paz!

Anos atrás, a esposa desse homem, através de uma conversa informal, havia me dito que alimentava um sonho de adoção. Como eles sabiam da nossa história e de todo o drama que estávamos vivendo com nosso filho, olhei para eles e disse:

– Que maravilha! Será que não seria então o momento de vocês aproveitarem toda essa calmaria e colocar um pouco de ritmo nessa casa?

– Como assim? - perguntou ele.

– Vocês não acham que poderiam adotar uma criança?

Como ele sabia exatamente a qual criança eu estava me referindo, olhou para mim com um sorriso de desencanto e disse:

– Não senhora! Não venha transferir para mim um problema que é seu. Estou fora disso. Esse problema é de vocês.

Não fiquei desapontada com o fato dele não desejar adotar uma criança, pois vejo isso como algo perfeitamente normal. É, inclusive, um direito de qualquer cidadão fazer tal escolha e ninguém deve ser culpado ou diminuído por não desejar encarar esse projeto. O que me desapontou foi a maneira como ele abordou o tema, se esquivando por completo de qualquer responsabilidade.

Eu simplesmente respeitei seu ponto de vista. Não toquei mais no assunto e nem retruquei ou questionei sua resposta. No entanto, sabia que ela não era a melhor resposta de acordo com o padrão cristão, pois entendo que somos, sim, todos responsáveis por aquilo que conhecemos, por dores, angústias e misérias que assolam gente como nós, ainda que essas pessoas se encontrem distantes ou sejam totalmente desconhecidas.

De forma alguma acho que aquela seria uma resposta que Jesus algum dia daria para alguém. Ele sempre nos ensinou o contrário. Sempre se mostrou sensível à dor do outro, e também pronto para servir, dividir, se entregar e sacrificar-se em favor do necessitado.

Não dá para ajudar ou estar presente tentando amenizar todas as tragédias e catástrofes da terra, isso é simplesmente impossível, mas acredito que somos desafiados a fazer diferença e agir exatamente onde nos encontramos. Penso que, na medida do possível, devemos nos envolver e nos esforçar na busca de soluções, saídas e alívio para aquilo que acontece diante de nós.

Em tempos de tragédias naturais – enchentes, secas, terremotos, etc. – ou também casos isolados, pequenos e particulares, como gente que está passando por necessidades básicas, gente que está experimentando fome, frio, nudez, gente dependente de drogas, ou um vizinho que está sofrendo algum tipo de abuso ou violência, enfim, podemos e devemos ser úteis. Acredito que a dor do outro, bem como suas misérias e angústias, deveria, sim, ser sempre problema nosso também.

Entendo que, em muitos momentos, a única coisa que nos resta é clamar a Deus para que de alguma forma socorra aquele que está mergulhado no desespero, na tragédia, na angústia de morte, porém, para nossa tristeza, muitas vezes não fazemos nem isso. Entretanto, há momentos em que precisamos de fato agir, nos dispor como instrumento útil nas mãos de Deus para mudar uma situação de dor.

Mais que isso, entendo que, a partir do momento em que tomamos conhecimento da miséria do outro, somos, sim, responsáveis por ela. Graças a Deus pelos milhares de pessoas que também pensam da mesma maneira, ou do contrário não teríamos orfanatos, asilos, ONGs, projetos sociais, voluntários e muito mais. Instituições que funcionam porque um dia alguém entendeu que a dor do outro é também problema dele.

Brooke Frazer, jovem cantora da Nova Zelândia, expressa bem essa realidade. Depois de visitar a África e se impressionar muito com a dor daquele continente, mais especificamente com a miséria que viu em Ruanda, compôs uma música chamada Albertine[2]. A tradução da música diz: *"Agora que eu vi, eu me torno responsável, pois a fé sem obras é morta"*[3]. Assim, ela decidiu oferecer seus dons e talentos em favor daquele lugar, despertando o mundo para as necessidades daquelas pessoas.

Grande parte de nós quer mesmo é desfrutar de uma vida de conforto e estabilidade, e na medida do possível, nos colocarmos o mais distante que pudermos da carência e miséria humana. Admiro pessoas que se entregam com dedicação para socorrer as mais diversas necessidades dos fragilizados. Admiro pessoas que adotam até dezenas de crianças ao mesmo tempo. Isso é realmente incrível. Eu as enxergo como dotadas de um dom especial.

Voltando ao nosso caso específico, não nos sentíamos preparados ou chamados para viver tal desafio. Em nossos planos nunca esteve a ideia de possuir dúzias de filhos. Queríamos adotar uma criança, queríamos três filhos, e naquele momento estávamos satisfeitos e completos com o que Deus havia nos dado.

Isso não significa que estejamos fechados para os projetos futuros de Deus para nossa vida. Se ele mostrar com clareza, podemos inclusive adotar dezenas de crianças, mas faríamos isso debaixo da obediência e direção do Pai, não por pressão da sociedade ou para fazer

---

[2] Albertine é a criança de Ruanda que fez Brooke Frazer pensar na sua responsabilidade para com ela e com as outras crianças que padecem naquele país africano.

[3] *Now that I have seen, I am responsible. Faith without deeds is dead.*

um papel bonito diante de todos, mas o faríamos apenas por pura e completa obediência e dependência ao Senhor.

A separação do irmão mexeu tanto com a cabeça de nosso filho que até aquele momento não tínhamos o documento que regularizava a adoção em definitivo, mas apenas a guarda provisória, pois ele precisava dizer "sim" ao juiz. E era grande sonho dele ter esse documento em mãos. Falávamos sempre sobre isso e mostrávamos o quanto seria bom quando tudo se resolvesse.

Seis meses depois que o irmão foi devolvido ao orfanato e que recebemos a convocação para resolvermos de fato a questão, ele entrou em estado de completa confusão. Notei sua ansiedade e aflição e perguntei o que estava havendo. A resposta dele foi a seguinte:

– Não sei se devo dizer sim ao juiz.

– Como? O que você está dizendo?

– Mãe, eu quero muito dizer sim, isso é tudo que eu sempre sonhei. Mas se eu disser sim, nunca mais vou poder voltar para o orfanato e ficar com meu irmão.

– Filho, você sabe do nosso profundo amor por você. Nós sabemos de sua dor com relação a seu irmão, mas acredito que você terá muito mais chance da ajudá-lo estando aqui fora do que preso do lado dele. Você sabe que temos tentado conseguir uma nova família para ele e não tem sido fácil. Sabe também que não podemos prometer nada além do que temos feito por ele. Mas a escolha é sua.

Um detalhe importante e que deve ser destacado é seu grau de maturidade em relação ao assunto. Foi tudo exatamente assim. Esse era o homem que se escondia por trás de tanta imaturidade e que aflorava sempre que o assunto era sofrimento e dor.

Essa conversa aconteceu um ano e nove meses depois de estarmos com ele em nossas vidas. Imagine só o estado emocional em que me encontrava. Definitivamente, não passava pela minha cabeça a ideia de ficar um dia sequer sem sua presença. Porém, sempre entendi que o verdadeiro amor é aquele que dá liberdade para voar, e não aquele que prende, sufoca ou acorrenta ao seu lado a pessoa amada.

Há um misterioso encantamento em uma genuína relação de amor, pois ao mesmo tempo em que aquele que ama concede à pessoa amada total liberdade de ir, de alçar voo, por outro lado, aquele que é amado, inexplicavelmente não consegue voar. Ele tem convicção de que tem asas fortes o suficiente para levá-lo para longe, mas simplesmente não é capaz de usá-las para esse fim. Ou seja, ele sabe que é totalmente livre, mas tem plena consciência de que está completamente preso. E o mais irônico é que essa "prisão" o enche de alegria e gera vida e esperança em seu coração.

Acreditamos que a verdadeira função dos pais é dar asas aos filhos para que eles voem o mais alto que puderem, mas ao mesmo tempo conceder-lhes raízes fortes e bem firmadas, para que se lembrem sempre de voltar para a casa do pai. Por isso, naquele momento não forçamos sua decisão. Não o seguramos com todas as forças em nossos braços, mas deixamos que as correntes do amor fizessem isso por nós.

Era visível que ele estava sofrendo e encontrava-se confuso, precisava de ajuda. Liguei para a psicóloga, que para nós era bem mais que uma profissional, era uma amiga leal e presente. Ela pediu que o levássemos lá, exatamente naquele momento. Depois de um tempo de boa conversa e reflexão, ele saiu de lá decidido e convicto do que deveria fazer. No dia seguinte fomos até a cidade em que o processo estava acontecendo e resolvemos tudo. Ele disse sem titubear diante do juiz que amava aquela família, que estava feliz ali e que queria muito continuar conosco.

Ao sairmos da sala de audiência, ele pulou em nossos braços, em um abraço gostoso e sincero. Jamais me esquecerei daquele dia!

Logo que pegamos sua certidão de nascimento, lemos linha por linha para ele. Seus olhos se encheram de um brilho especial quando lemos como ficaria o seu novo sobrenome. Ele amou também o fato de estar escrito e registrado nossos nomes como pais, seus pais. E criticou, com certo desapontamento, o fato de não aparecer na certidão que ele era, além de nosso filho, irmão dos nossos dois filhos biológicos. Ele queria tudo escrito, o nome de cada um da família. Voltamos para casa felizes. Mais uma batalha estava sendo vencida, mas era preciso continuar lutando, havia muito o que enfrentar ainda.

O primeiro ano sem o irmão na mesma cidade finalmente acabou. E no segundo ano, ele mostrou crescente recuperação. Melhorou o desempenho na escola, mostrava-se mais animado e feliz, e voltou a crescer, graças a Deus! O ano seguinte foi melhor ainda. Parecia que finalmente tudo estava se ajeitando. No entanto, surpresas nos aguardavam. Naquele ano, nossa filha passou no vestibular e foi morar em outra cidade. Isso, de certa forma, mexeu um pouco com a cabeça dele, contudo, não foi nada que causasse grandes preocupações. Só que o pior ainda estava por vir.

Por razões pessoais e que não dependiam de nossa vontade, aquele seria o último ano do meu marido naquela cidade. Teríamos que nos mudar. Tentamos, de todas as formas, ficar o mais próximo possível da minha filha que estava morando fora, da irmã biológica dele, com quem mantínhamos estreitos laços de comunhão, e também do irmão no orfanato, pois éramos os únicos que o visitavam e assistiam. Tudo em vão. Fomos parar a mil quilômetros de distância de todos eles. Ainda bem que não sabíamos dos gigantes que nos aguardavam, pois acho que, se soubéssemos, não teríamos tido forças para nos movermos dali.

Deus, em sua sabedoria, vai revelando pouco a pouco, à medida que percebe que estamos prontos, os desafios que nos aguardam no amanhã. Que bom que ele age assim, pois se nos revelasse de uma vez só o que teríamos de enfrentar durante um único ano de nossas vidas, ficaríamos completamente loucos.

9

O vale escuro

Não fosse eu casada com um homem de grande valor, acho que teria sucumbido naquela imensidão de lutas e dificuldades. Meu marido foi peça fundamental em nossas vidas naquele tempo de tribulação. Sua coragem, determinação e fé nos mantinham caminhando na dependência do Senhor, mesmo quando não sentíamos vontade de dar um passo sequer adiante. Mesmo porque nossa vida não girava somente em torno dos problemas do nosso filho caçula. Na verdade esse era mais um no meio da coleção que possuíamos. Tínhamos mais dois filhos que viviam desafios enormes em uma fase muito decisiva da vida deles. E além das dificuldades normais que toda família vez ou outra precisa encarar, havia as pressões geradas pela mudança: novo trabalho, a insegurança da adaptação, o medo do desconhecido, desafios na vida financeira, enfim, não eram poucas as lutas.

E para completar, seis meses antes de nos mudarmos, eu já vinha enfrentando uma enfermidade, que se estendeu por mais um ano inteiro. Isso complicava ainda mais a situação e exigia do meu marido esforço redobrado. Graças a Deus, que o nutriu de capacidade, e assim ele foi de fato, não somente um líder equilibrado e corajoso, mas também um marido companheiro, paciente e muito amoroso.

Interessante como a beleza da criação de Deus se manifesta até mesmo nos momentos mais difíceis de nossas vidas. Eu sempre me encanto com a intrigante diferença que existe entre homem e mulher.

Como Deus pode pensar em todos os detalhes e colocar em cada um aquilo que os completaria sempre que se dispusessem empreender algo juntos!

Acredito que dentro de um casamento bem ajustado, em algum momento os casais desfrutam dessa diferença, ao menos eu penso que deveria ser assim. Naquele ponto da nossa vida, tudo que nossa família precisava era ter na liderança dela um homem, no sentido mais original da palavra, dotado das chamadas qualidades viris, como coragem, força e vigor.

Um homem que pudesse usar seus músculos para caminhar, seus braços para lutar, sua razão para decidir, sua impetuosidade para conquistar, sua bravura para encarar o desconhecido, sua coragem para derrotar o que amedronta. Um homem com força para que, se necessário fosse, carregasse os mais frágeis, os feridos de guerra.

Entendo que dentro da família, a presença do homem e todas as suas qualidades é algo fundamental! Assim como, em muitos momentos, o que uma família mais precisa é a sensibilidade do olhar de uma mulher ou sua capacidade de farejar o que ninguém consegue sentir, e que está escondido, camuflado, que não é expresso por palavras, mas que está presente, incomodando, ferindo, roubando a alegria de alguém.

Uma mulher sensível o suficiente para enxugar, com a mesma disposição e ternura, lágrimas derramadas, sejam elas provocadas por motivos banais ou cotidianos, como uma pequena queda no parquinho, um brinquedo que se quebrou, ou aquelas lágrimas que precisam ser enxugadas no momento em que a dor brota no âmago da alma, provocadas por feridas que afloram de maneira aguda e dilacerante.

Uma mulher com doçura e paciência para ouvir, para acalentar, para se preocupar com detalhes, para apreciar minúcias. Uma mulher para perfumar, agasalhar, aquecer, confortar, dar cor e sabor. Como essa presença feminina é importante dentro de um relacionamento familiar!

T. D. Jakes, em sua obra *A Dama, seu amado e seu Senhor* (Mundo Cristão, 1999), expressa essa ideia ao afirmar:

"Minha família escapou muitas vezes da adversidade, porque minha mulher notou um detalhe que eu teria ignorado. Ela nota as pessoas; dá atenção às suas reações, atitudes e traços de personalidade, de um modo que eu não o faria. Sua capacidade de observar detalhes permitiu que notasse os sintomas de doenças em nossos filhos logo no início, assim pudemos tratá-los e levá-los ao médico antes de ficarem realmente mal. Ela observa com olhos de mãe, e nossa família tem sido abençoada pela sua percepção."

É disso que estou falando. Claro que em ambos os sexos, no exercício do papel que estiver desempenhando, seja ele o de marido ou esposa, pai ou mãe, ou qualquer outro, muitas dessas qualidades mencionadas como mais presentes na vida dos homens, se manifestam no comportamento das mulheres e vice-versa. No entanto, na maioria dos casos, e por mais que alguns queiram negar, existem aqueles atributos que são mais peculiares ou mais naturais ao sexo masculino. Em contrapartida, existem outros que parecem ser naturalmente inerentes ao sexo feminino.

Enfim, vejo em tudo isso uma beleza sem tamanho! Um equilíbrio que tempera relacionamentos. E dentro da família, essa mistura provoca um sabor único e essencial, pois noto essa diferença como algo que existe para completar, somar, trazer vida. São comportamentos distintos, homem e mulher. Não existe o melhor ou pior, o mais ou o menos importante, o forte ou o fraco, pois eles simplesmente se fundem e se encaixam em uma mistura encantadora que se transforma em um resultado especial, dinâmico, funcional. Essa união se torna terreno fértil para que Deus opere muitos milagres, inclusive o próprio milagre da vida.

Talvez muitos não enxerguem assim, mas para mim, a beleza da diferença entre homem e mulher funciona de forma natural e encantadora em todas as ocasiões da vida, até mesmo na hora da dor.

Dias cheios de novidades viriam.

Existe um mistério no tempo de Deus. E às vezes sentimos medo do que nos aguarda. Talvez porque o tempo do Senhor se mostre único e diferente do nosso. Ou quem sabe esse temor ocorra pelo fato de sabermos que os propósitos desconhecidos de Deus, bem como seus objetivos bem traçados, revelam a cada dia, e sem pedir licença, a dimensão da nossa fragilidade. Percebemos que não somos donos de absolutamente nada, tampouco do nosso futuro. Não estamos no controle. Não sabemos, nem de longe, o que nos aguarda o amanhã.

Assim, sem termos a mínima noção do que nos aguardava, começamos a viver um novo tempo de Deus em nossas vidas. Tempo que traria lutas e dificuldades, mas ao mesmo tempo, crescimento e maturidade.

Tivemos muita dificuldade em contornar a situação naquele período de nossas vidas. Estávamos todos muito chateados e abalados com a mudança, esse não era o desejo do nosso coração, contudo, tínhamos que enfrentar mais esse gigante. Aliás, essa é a realidade da vida, ela está cheia de situações que muitas vezes nos desagradam, mas que precisam ser encaradas. Gostemos ou não, é assim que funciona. E quanto mais cedo aprendemos a lidar com isso melhor.

Nosso filho, porém, não se conformava com a ideia de ficar longe de todos e de tudo que ele tanto amava naquele lugar. Era muita perda para enfrentar. Ele amava nossa casa, aliás, sua primeira casa de verdade. Ele se deliciava com a pracinha em frente dela. Jogava e se divertia no quintal. Estava bem ajustado e adaptado à escola e aos colegas. Curtia a escolinha de futebol. Queria muito bem à psicóloga que cuidava dele. E amava com muita intensidade os amigos da igreja. Ele os considerava sem igual, únicos, especiais. Em sua cabeça, era impossível viver longe de tudo aquilo, afinal, ele só conhecera vida de verdade ali naquele lugar, naquela casa, com aquelas pessoas.

Antes mesmo de nos mudarmos, crises de choro começaram acontecer. Ele ia para o quarto, colocava suas músicas favoritas e chorava, chorava muito, chorava alto, sem medo de ser ouvido. Colocava para fora, sem nenhuma cerimônia, toda a angústia que invadia seu coração. Mas não havia outra saída, e assim nos mudamos. E começamos a conviver com tudo novo: estado, cidade, casa, escola, igreja, colegas e, para completar, novos problemas, que infelizmente se somavam aos antigos. Ele definitivamente não conseguia se adequar à nova realidade. Havia um descontentamento constante em tudo que via e fazia.

Entretanto, a escola era muito legal, e Deus o abençoou com uma professora excelente: doce, meiga, carinhosa e que o amava de verdade. Isso era muito positivo naquele momento. E para nossa surpresa, apesar da insatisfação com tantas outras coisas, em especial com a igreja e as crianças de lá (porém sabíamos que o problema estava nele e não nos outros), foi o melhor ano dele na escola. Seu desempenho foi excelente. Seu comportamento, excepcional. Sua agenda era inteira cheia de elogios.

Incrível como um professor(a) é capaz de influenciar a vida de uma criança, e isso pode acontecer tanto positiva quanto negativamente. Se toda a sociedade tivesse consciência desse poder e creditasse o real valor a essa profissão, e se cada professor exercesse sua função, cônscio da dimensão que ela de fato desempenha na vida de uma pessoa, é provável que tivéssemos grandes mudanças não somente no sistema de ensino, mas na própria educação.

A festa de formatura da quarta série foi linda e emocionante. Porém, mais uma vez coisas novas nos aguardavam. Tivemos que enfrentar mais uma mudança naquele mesmo ano (dessa vez só de casa, mas para ele, tudo isso parecia grande e confuso). E para completar, meu filho passou no vestibular, e agora seria a vez dele nos deixar e partir para a faculdade, que ficava a quase mil quilômetros dali.

A queda foi visivelmente notada. Ele já começou o ano seguinte com algumas mudanças comportamentais. E logo que meu filho se mudou, ele já passou a apresentar alguns tiques nervosos. A princípio não nos preocupou muito, mas com o tempo foi piorando em ritmo acelerado e assustador. Uma insatisfação sem fim tomou conta dele. Reclamava de absolutamente tudo: comida, roupa, casa, pessoas, escola, colegas, tudo era motivo de insatisfação.

Para se ter uma ideia de como as coisas funcionavam; comprava sorvete para alegrá-lo, e ele ao invés de se sentir satisfeito, perguntava:

– Sorvete de quê?

– De morango, seu favorito.

– Eu não queria de morango, queria de chocolate.

Na ocasião seguinte, comprávamos de chocolate e ele reclamava porque não queria de chocolate, mas de creme. Quando era sorvete de creme, ele queria de flocos. Uma roda sem fim de murmurações e contendas. Isso acontecia todos os dias, com absolutamente tudo.

Sentia-me completamente exausta. Tudo o aborrecia. Nada estava bom. Com isso, nosso relacionamento piorava a cada dia, pois ele me culpava de absolutamente tudo. E quando digo tudo, estou me referindo até mesmo acontecimentos que não dependiam em absoluto da minha participação. Fato é que tudo de errado que houvesse na vida dele ou que o abalasse, eu era a única culpada.

Por fim, diante de tantas acusações diárias, já estava me sentindo culpada pela segunda guerra mundial, tsunami, a morte de Joana D'Arc, a queda do World Trade Center, a extinção do mico leão dourado, o desequilíbrio ecológico, o aquecimento global, as corrupções no Governo, o desmatamento da Amazônia, as catástrofes mundiais e mais o que você desejar acrescentar nessa lista. Tudo, absolutamente tudo era minha total e completa culpa.

Lembram-se que eu disse que era a quarta na lista das pessoas que ele mais amava? Pois é, a essa altura do campeonato, sem o mínimo exagero, qualquer um era mais importante do que eu, até mesmo sua cadelinha, que ele amava de paixão, recebia muito mais amor, afeto, carinho e atenção.

Doía demais. Quanto mais eu me aproximava, mais ele fazia questão de me desprezar. Lembro-me que todos os dias das mães que havíamos passado juntos até aquele ano, não tinham sido tão especiais como eu sonhava. Ele se sentia extremamente desconfortável naquela data. E eu procurava não forçar a situação, dando tempo ao tempo, respeitando suas dores e traumas ainda não curados. Mas naquele ano foi horrível.

Na semana anterior ao dia das mães, ao chegarmos à igreja, havia uma pessoa tirando fotos de cada filho junto com sua mãe. Fomos convidados a também participar. Ele, muito a contra gosto, colocou-se do meu lado e fez pose para a foto.

Na semana seguinte, dia das mães, eles entregaram as fotos como homenagem e lembrança. Eu fiquei super feliz! Ele olhou a foto com desprezo e colocou um monte de defeitos em mim. Mas o que realmente doeu, foi quando ele pegou a foto em suas mãos, olhou para mim e, quando percebeu que eu o observava, colocou um sorriso sarcástico no rosto e usando apenas o dedo, desenhou vagarosamente um grande xis sobre a foto.

Naquele momento de crise, sua indiferença me feria. Não sei se ele, no fundo, desejava dizer isso, mas meu coração só conseguia interpretar aquele gesto como uma forma de rejeição. Ele fora rejeitado, agora me rejeitava.

Não foi nada fácil enfrentar aquele dia das mães. Afinal, foi o primeiro longe dos meus dois filhos mais velhos. Naquele dia tão carente, eu estava depositando todo o meu afeto nele.

Apesar de ser corrigido e disciplinado, ele desobedecia e às vezes até mentia. Na escola ia de mal a pior. As reclamações voltaram com toda a força. E apesar de continuar com acompanhamento psicológico desde que mudamos de cidade, tudo parecia em vão. Aliás, ele me culpava por levá-lo à psicóloga.

Para complicar ainda mais a situação, logo que mudamos para essa cidade, ele começou um tratamento hormonal para crescimento. Vínhamos fazendo acompanhamento desde o episódio em que fora separado do irmão biológico e parara de crescer durante um ano. Como houve um segundo bloqueio no seu crescimento, logo que dissemos que iríamos mudar de cidade, os médicos decidiram começar com o tratamento hormonal.

O problema é que esse medicamento é de uso diário e injetável. Tive de aprender a aplicar injeção, e todas as noites eu lhe dava o medicamento. Pronto, mais um motivo para me culpar da sua vida sofrida e complicada. Com o tempo, meu marido também aprendeu e ajudava no processo, porém, por incompatibilidade de horário, essa tarefa normalmente ficava mais sob minha responsabilidade. Nesse período, ele chegava a ter até dois episódios de enurese durante a noite. Perdi as contas das vezes que levantava para trocar a cama no meio da madrugada, enquanto meu marido o ajudava no banho.

Os tiques agora eram muitos. Para falar a verdade, no auge da crise, ele tinha cinco tiques diferentes ao mesmo tempo. Era difícil lidar com seu sofrimento. A insatisfação o assolava e ele dizia, sempre que podia, que detestava aquele lugar. Procuramos alguns médicos no local em que estávamos, mas o quadro só piorava.

Por fim, as coisas foram se tornando insustentáveis. Nós, então, marcamos uma consulta com o psiquiatra que o acompanhava anteriormente. Viajamos quase oitocentos quilômetros para isso. Foi detectada depressão infantil. Aí estava a origem de tanta insatisfação e das incontáveis reclamações. Ele precisaria usar medicamentos, só a terapia não seria suficiente. O problema é que medicamento para doenças psíquicas nem sempre apresenta os resultados esperados. Na verdade, eles são uma grande caixinha de surpresa.

E quanta surpresa tivemos! Houve um período em que, sob o efeito do remédio, ele ficou extremamente corajoso. Precisávamos ficar super atentos, pois estava sempre aprontando alguma coisa. Falava o que pensava e o que lhe dava vontade. Brigava na escola com tudo e todos, inclusive com meninos bem maiores que ele, um deles era tão grande, que o pegou como se carrega um frango e o jogou dentro da lata de lixo. O que se transformou em mais um grande problema para nós tentarmos resolver.

Um dia, estávamos em casa e começamos a ouvir uns sons estranhos, vindo não sabíamos da onde. De repente percebemos que parecia vir do telhado da casa. Para nossa surpresa, ele, que até aquele momento ainda morria de medo de altura, estava andando em cima da casa de lá para cá, como se estivesse passeando em praça pública. Outro dia, logo que chegou da escola, pedi que fosse trocar o uniforme. Pouco tempo depois, ouvimos um barulho estrondoso. Corremos feito loucos para o quarto dele. Ficamos paralisados. É que ele resolveu escalar o guarda-roupa, que virou em cima dele, quase o esmagando.

Teve também alguns medicamentos que lhe provocavam um abatimento sem fim. Apatia, desencanto. Ficava superpreocupada, não tirava os olhos dele. Não estava sendo nada fácil tudo aquilo. E eu me perguntava o tempo todo o que poderia fazer para ajudá-lo, pois se via atolado em muitas crises e questionamentos.

E foi justamente nesse momento, início da adolescência, que parece ter "caído a ficha", e ele teve consciência da sua história. Nunca escondemos nada dele. Sempre fomos muito leais e verdadeiros, mas ele era uma criança e não conseguia discernir muitas coisas. Já nesse momento, ele era capaz de questionar, confabular e se indignar com tudo que vivera até ali. Em especial com o abandono.

Não pensem que eu era a supermãe, sempre poderosa, sorridente, animada, pronta para o que desse e viesse. Não quero de forma alguma passar essa imagem, porque ela não é verdadeira. A grande verdade é que muitas vezes senti vontade de sair correndo e deixar tudo para trás. Não foram poucas as vezes em que me irritava e brigava com ele; ou que lhe dizia coisas duras e retrucava, no mesmo nível, as ofensas que recebia.

E consequentemente, não foram poucas as vezes que tive que procurá-lo para pedir-lhe perdão. Aliás, como mãe, isso não era nenhuma novidade para mim, pois sempre procurei viver a prática do perdão com meus filhos mais velhos. Claro que pelo fato dos atritos serem em menor número, isso não acontecia com tanta frequência, porém, perdoar e pedir perdão já fazia parte do meu papel de mãe.

Intriga-me o fato de alguns pais insistirem em manter um relacionamento sadio e forte com seus filhos, sem que esse relacionamento passe constantemente pela via restauradora e milagrosa do perdão. Pais que reconhecem que erraram com seus filhos, ainda que de maneira totalmente involuntária, e se dispõem a se humilhar e a procurá-los para pedir perdão, ensinam, na prática, a esses filhos, lições preciosas que servirão para toda a vida. Lições que os ajudarão a manter um bom relacionamento, não somente com os próprios pais, mas com qualquer pessoa que se aproximar deles no curso de suas vidas.

Pais erram. Pais são pessoas que estão sujeitas a experimentar o engano e o equívoco. Minha oração é para que o Senhor me dê sempre um coração sensível para reconhecer erros cometidos contra meus filhos e um espírito humilde e desprendido de qualquer orgulho ou soberba, bem como prontidão para procurá-los em busca do perdão e da reconciliação.

Não sei como estão seus relacionamentos nesse momento, mas posso garantir-lhe uma coisa: não há atrito, distanciamento ou ofensa que, ao passar pelo misterioso caminho do perdão, não seja restaurado ou não experimente, através do poderoso amor de Jesus, a cura e a transformação. Por isso, se for necessário, humilhe-se. Despoje-se de qualquer sentimento de prepotência. Não tenha medo de ver sua autoridade ou sua imagem ruir diante de uma atitude de humildade e contrição. Vença seu orgulho e a palavra de Deus já diz de antemão o que irá acontecer: *"todo aquele que a si mesmo se humilhar será exaltado"* (Mt 23.12). Seja corajoso e experimente viver essa verdade, e você contemplará seus sonhos e relacionamentos sendo exaltados através da ação miraculosa do Senhor.

Pois bem, eu às vezes errava, mas sempre tentava falar com ele, procurava aproximação. Logo que passava a raiva provocada por algum desentendimento, tentava dar-lhe carinho e atenção. Certo dia em que ele estava mais uma vez reclamando de tudo, eu disse a ele que o problema não estava nas coisas externas, mas dentro dele. Então lhe pedi que olhasse para a própria vida e respondesse se porventura se sentia uma pessoa feliz. Ele, a princípio ficou bravo e disse que eu estava falando besteira. Saiu e me deixou só.

Um pouco depois, me chamou no quarto dele e disse que gostaria de conversar. Estas foram as coisas que ele me disse naquela noite e pediu que eu anotasse cada uma delas.

– Tenho muitos problemas. Irmãos que estão longe, na faculdade. Irmão no orfanato. Uma irmã mais nova que vive distante de mim. Eu vivi muito tempo com eles e agora não tenho mais ninguém.

– Eu acho que o mundo é um inferno. Queria morrer logo.

– Nós nos mudamos da melhor cidade do mundo. Eu amava nossa casa, nossa igreja.

– Eu perdi a pracinha e a quadra de areia que tinha em frente à minha casa. Eu amava aquela quadra.

– Também tenho muitos problemas: muito médico, muita consulta, muito remédio.

– Não tenho amigos aqui, e as crianças ficam sempre me chamando de baixinho.

– Eu fico preocupado com meu irmão que está no orfanato. E se ele não for adotado por um pai bom, mas por um pai que bate, um pai que briga, um pai que fuma? (não sei por que, mas para ele o ato de fumar é algo tão grave que é capaz de denegrir e ruir por completo a reputação de uma pessoa.)

– E o mais importante, como pode uma mãe pegar uma criancinha, um bebê, e deixar em um lugar como aquele que eu vivi? Como pode?

Conversamos e oramos bastante naquela noite, e todos esses pontos foram levados para a psicóloga, que também tentou ajudá-lo. Mas apesar do esforço, não víamos muito progresso.

Como precisamos de paciência para enfrentar dias de lutas!

Todas as manhãs ele acordava e reclamava por ter que estudar. Abominava a escola, a maioria dos colegas, os professores, as tarefas. Tudo era desinteressante e detestável. Sua vida estava completamente tomada por uma dor profunda, por uma revolta e indignação, que o deixavam completamente infeliz.

E nesse estado de espírito não era nada agradável conviver com ele. Estava sempre de mau humor. Sempre me acusando de alguma coisa ou falando o que não devia. Quanta dor ele conseguia provocar em meu coração!

Eu não comentava suas afrontas, injúrias ou desprezo com praticamente ninguém. Só compartilhava com meu marido algumas delas. Achava que não seria bom expô-las. Não por orgulho ou prepotência. Absolutamente, mas por medo de complicar ainda mais a situação. E se as pessoas não o compreendessem? E se começassem a recriminá-lo? E se não entendessem que ele estava vivendo uma crise profunda e dolorosa? Com certeza isso não ajudaria.

Outra razão é o fato de existir o estigma com relação ao filho "adotivo". Tem gente que fica torcendo para ver o circo pegar fogo, só para falar com cara de filósofo sabichão:

– Eu sabia. Filho adotivo nunca dá certo.

Incrível como existe gente que consegue ser inconveniente, inadequada, imprópria, para não dizer maldosa, justamente nos momentos mais suscetíveis da vida daqueles que estão atravessando dificuldades. Gente assim só atrapalha. E para nossa tristeza, não é difícil encontrarmos pessoas com essa mentalidade pobre, mesquinha, carnal e cruel.

Não. Naquele momento, críticas sobre adoção era tudo que eu não queria ouvir, elas não gerariam nenhum bem, pois o que precisava eram palavras de ânimo, vida, esperança. Queria do meu lado gente de valor, gente que fosse acrescentar, fazer diferença com sua atitude, gente que sabia o que era amar e se entregar por amor. Queria, perto de mim, gente de cabeça aberta, madura, equilibrada, que entendia que crises de relacionamento podem ser vividas com qualquer filho, seja ele biológico ou não.

Não era orgulho ou vontade de camuflar uma situação. Aliás, pedia oração para muitos e qualquer amigo que perguntava sobre ele, eu dizia que estávamos vivendo dias de tribulação, mas não expunha meu filho tecendo comentários desnecessários.

Até mesmo para nossos filhos mais velhos que estavam longe, evitava detalhes. Eles sempre foram extremamente amorosos comigo e nunca me trataram com a mínima indelicadeza. Tinha medo que não fossem capazes de compreender a crise do irmão com relação a mim. Dizia apenas que ele não estava bem, e por isso estávamos vivendo dias muito difíceis. Pedia que orassem e buscassem a face de Deus em nosso favor.

Enfim, tentava resguardá-lo de críticas ou comentários maldosos, pois sabia que aquele que se colocava diante de mim com tanta indiferença, não era meu filho, mas apenas um retrato retorcido e cruel de sua imagem mergulhada em um mar de dores e dúvidas. Mesmo porque, vez ou outra ele olhava para mim e dizia indignado:

– Por que eu não nasci de sua barriga? Por quê?

A impressão era que ele me via como culpada. Como se estivesse em minhas mãos o poder de ter escolhido quem seriam os meus filhos biológicos, e eu não o escolhi.

Ouvi isso da boca dele em vários momentos e em várias situações. Não só quando tudo estava mal, mas também quando vivíamos alguma coisa legal, algum momento significativo e precioso. Só que nessas horas, a pergunta não soava em tom de acusação e revolta, mas como um desabafo de dor e pesar. Nessas ocasiões, ele me abraçava tão forte que parecia querer entrar em meu corpo e dizia:

– Por que eu não nasci de sua barriga?

Era também para mim que ele contava seus segredos. Sempre que tinha algo privado para compartilhar ele me procurava e desabafava com toda intimidade, ainda que fosse uma paixão na escola, tudo, absolutamente tudo que desejava dividir com alguém, era a mim que procurava.

Em momentos de angústia ou de enfermidade, a minha presença ao seu lado, era algo que ele não abria mão. Não servia outra pessoa, ele só queria a mim. Lembro-me de duas ocasiões em que teve que ser submetido a exames muito delicados, que duravam longas horas e exigiam até internação, o quanto se mostrou carente da minha presença naquelas horas! Eu não podia sair de perto por nem um minuto. E não bastava ficar só por perto, ele queria que eu ficasse do lado dele, abraçando-o o tempo todo. Como a cama era muito alta, não dava para eu ficar sentada, assim, lembro-me que fiquei em pé horas seguidas, literalmente debruçada sobre ele que, como um pássaro frágil e ferido, parecia se esconder embaixo de minhas asas.

Por essas e outras, sabia que o que ele estava vivendo era uma crise profunda e assustadora. Precisava de ajuda, consolo, muita paciência, e não de alguém que vivesse delatando seus deslizes e expondo seus erros. Por isso, na maioria das vezes, eu escolhi o silêncio. Mas acreditem, isso não era nada fácil para mim.

Entendia também que cabia a mim agir com maturidade, responsabilidade, firmeza e fé. Ele era uma criança; eu, uma mulher madura, teoricamente muito mais forte que ele. Romanos 15.1 diz: *Nós, que somos fortes, devemos suportar as fraquezas dos fracos, e não agradar a nós mesmos.*

Vejo nessas palavras o alerta de que existem situações de conflitos em nossas vidas, em que somos mais exigidos do que a outra parte que nos atinge ou aborrece. Sendo assim, só mesmo fortalecidos e alimentados pelo próprio Deus somos capazes de vivê-las em sua plenitude e grandeza.

Quantos pais vivem conflitos horríveis com seus filhos por não saberem reconhecer suas fragilidades, por não entenderem que eles estão crescendo, aprendendo, e que erros e deslizes acontecem sempre que vivemos coisas novas. Quantos relacionamentos entre sogro e genro, sogra e nora seriam diferentes, se a parte considerada mais madura e experiente agisse com mais amor e menos implicância, mais afeto e menos cobrança, mais paciência e menos intransigência, mais perdão e menos dureza, mais acolhimento e menos ciúme, mais fé e espírito cristão e menos tolices e carnalidades.

Outro texto especial para mim é Romanos 15.7: *Portanto, aceitem-se uns aos outros, da mesma forma que Cristo os aceitou, a fim de que vocês glorifiquem a Deus*. Eu sabia que precisava aceitar meu filho, ainda quando ele não demonstrava nenhum sinal de reconhecimento, gratidão e carinho por mim. Afinal, é exatamente assim que Cristo nos aceita. Mesmo quando não demonstramos qualquer afeto ou gratidão, ele simplesmente continua nos acolhendo, amando e aceitando. Esse era o meu desafio. Esse é o desafio para cada um de nós quando o assunto é relacionamento, principalmente os relacionamentos mais próximos.

Não sei como você tem vivido seus relacionamentos, em especial aqueles mais íntimos, como marido e mulher, pais e filhos, irmão com irmão, mas de uma coisa eu tenho certeza: o Senhor espera de nós uma atitude igual ao exemplo dado por Jesus. Uma atitude de adoção. Uma atitude de acolhimento, paciência, amor e perdão.

Por falar em perdão, como tive que exercer essa virtude naquela fase de nossas vidas! Ele vivia fazendo algo que me desagradava ou provocava e, minutos depois, dizia estar completamente arrependido e vinha me pedir perdão. É claro que eu perdoava, mesmo sabendo que pouco tempo depois tudo iria acontecer novamente. Aprendi na pele o quanto o perdão é algo difícil de ser vivido em nosso dia a dia! Como tive que negar minha vontade e meu orgulho naquele tempo. E como já ouvi que "o perdão sempre implica em sofrer alguma injustiça", não resta dúvida do quanto tive que sofrer para aprender a obedecer esse preceito de Deus!

Para se ter uma ideia de quantas vezes ele me pedia perdão por dia, durante esse período de nossas vidas eu tinha a plena certeza que o texto em que Jesus disse que deveríamos perdoar setenta vezes sete, havia sido escrito especificamente para mim.

Diante do quadro que estava vivendo, eu chorava, chorava muito. Como nossa vida mudou nesse período! Nem parecia a mesma casa. E assim, buscávamos a Deus com toda a intensidade de nossa alma, à procura de saída, suplicando a ele cura para o nosso filho e solução para toda aquela dor.

10

Tempo de Deus

Como é difícil esperar pelo tempo de Deus! Como é desafiante aprender a descansar no exato tempo do Senhor!

Os dias iam passando e nossa busca pela recuperação do nosso filho continuava.

Sabíamos que a cura teria que ser muito mais profunda do que imaginávamos. Sua alma estava completamente ferida, marcada. E aquele momento de sua vida parecia ser o auge da manifestação de toda dor a que vinha se acumulando desde que fora gerado. Ele estava literalmente no limite.

Foi quando um dia, depois de ter muitos aborrecimentos com atitudes dele, depois de viver muitas dificuldades em que eu não sabia mais o que fazer, um momento em que o desespero tomava conta do meu coração, que algo marcante aconteceu.

Corri para o meu quarto em completo estado de desolação e abri a palavra de Deus com tanta fome de encontrar algo que me saciasse, que a única comparação que consigo dar para que entendam a imensidão da minha carência é a cena de adolescentes famintos e sedentos quando chegam de uma tarde no clube depois de muita atividade, piscina e futebol: eles se parecem com verdadeiros lobos. Abrem a geladeira, prontos para devorar tudo que surgir pela frente.

Foi assim que eu abri a Bíblia naquele dia. Queria algo que matasse minha fome, minha sede inesgotável. Queria algo que me sustentasse, que me enchesse de vida, esperança e fé. Queria ver brotar água viva, fresca e abundante em meu deserto.

Você já se sentiu assim? Já padeceu sob o sofrimento dessa sede? Já viveu a angústia dessa fome? Quantas vezes nos sentimos assim quando estamos enfrentando uma dificuldade, não é? E o desejo é de que ela chegue imediatamente ao fim. Como eu desejava fechar os olhos e, quando os abrisse novamente, ver tudo resolvido!

Naquele dia, em meio à minha extrema fome e sede, o Pai me supriu com essas palavras:

> *Assim diz o Senhor: "Contenha o seu choro e as suas lágrimas, pois o seu sofrimento será recompensado", declara o Senhor. "Eles voltarão da terra do inimigo. Por isso há esperança para o seu futuro", declara o Senhor. "Seus filhos voltarão para a sua pátria." (Jr 31.16s)*

Meu Deus, que banquete! Eu estava à procura de, ao menos, uma pequena migalha para me alimentar, e o Senhor colocou diante de mim a mais fina das iguarias. Ele me saciou com a água mais fresca e cristalina que alguém possa imaginar. Ele me supriu.

Eu lia e relia aquelas palavras incansavelmente. E deixava que elas fossem penetrando em cada parte do meu coração. Parecia que toda aquela sequidão, de repente, estava recebendo água de uma fonte inesgotável e, assim, ia se encharcando de vida abundante.

Uma esperança inigualável brotou naquela hora em meu peito. Uma certeza inabalável firmou-se em minha alma. Uma paz que excede todo e qualquer entendimento tomou conta do meu ser.

Há esperança! Há esperança! Há recompensa! Há recompensa! Essas palavras vinham repetidamente em minha mente. E junto com elas a certeza: "Meu filho vai voltar! Meu filho vai voltar! Meu filho vai voltar! Eu vou esperar no Senhor, porque meu filho vai voltar!"

Sem dúvida alguma, esse foi um dos momentos mais deliciosos que tive na presença do Senhor! Senti-me acolhida, amada, nutrida justamente quando me sentia perdida, abandonada e carente. Ele estava me mostrando exatamente como meu filho se sentia em meio a toda aquela situação. Ele me fez sentir na pele a dor que nosso filho estava experimentando. Ele me fez entender o quanto a presença, apoio e amor dos pais são importantes em tempos de crise na vida dos filhos.

Eu estava em completa crise e fui acolhida. Eu devia acolher meu filho. Mais que isso, ele me ensinou a amar, mesmo quando não merecemos ser acolhidos ou amados. Ele me ensinou a ter esperança, quando a tempestade parece grande demais, quando os ventos sopram sem piedade, quando a dor parece não acabar.

Esperança! O Senhor encheu meu coração de esperança. E foi assim que me levantei daquele momento. Enxuguei minhas lágrimas com determinação e saí daquele encontro pronta para lutar. Cheia de coragem. Com o coração transbordando fé.

Os problemas que deixei do lado de fora, antes de entrar no quarto para aquele momento, estavam todos ali, mas nenhum deles me assombrava agora. Eu sabia que tudo iria passar. Sabia que não estava só. Eu cria na cura e na transformação.

Apesar de todas essas verdades já fazerem parte da minha vida, naquele momento elas soavam diferentes. Não sei como explicar, mas a impressão que eu tinha era que até aquele instante eu as tivera lido ou ouvido da boca de outros, mas naquele momento, eu as tinha ouvido da boca do Senhor.

Dias muito difíceis ainda tiveram que ser vividos, mas em cada um deles, encontrávamos forças para lutar. Pouco a pouco vimos pequenos sinais de melhora. E eles iam se somando dia a dia, enchendo nossas vidas de esperança.

Ao final daquele ano, que considero um dos mais difíceis de nossas vidas, nos mudamos mais uma vez. Entre outros motivos, entendemos também que seria uma boa hora para recomeçarmos. Um bom momento para que a cura do Senhor fosse derramada de forma plena e completa sobre a vida do nosso filho e também das nossas próprias. Afinal, diante de uma batalha tão grande e ferrenha, qual soldado não se sente cansado ou necessitando de um lugar em que suas feridas de guerra fossem tratadas e curadas?

Ficamos trezentos quilômetros mais próximos dos nossos filhos mais velhos. E com relação ao nosso filho caçula e sua crise sem igual, em pouco tempo ficamos anos luz mais próximos do sossego e da paz.

Não sei o que você está vivendo nesse momento, mas gostaria muito de deixar uma palavra de esperança para o seu coração. Experimentamos, como família, anos muito difíceis, cheios de desalento e frustrações. Não somente com relação à saúde física e emocional do nosso filho, mas enfrentamos ao mesmo tempo crise financeira, adaptação de nossos filhos mais velhos fora de casa, mudança de trabalho, e uma enfermidade que me assolou a alma durante um longo período.

Como tudo aquilo foi pesado para nós! E de forma bem particular, como tudo parecia gigante para mim! Por certo eu teria sucumbido em um mar de tribulações, não fosse o socorro e a graça do Senhor, e a força e virilidade do meu marido, companheiro fiel, guerreiro incansável, homem de Deus. Eu espero que meus dois filhos homens sejam para com suas esposas tão corajosos e valentes em tempos de tribulação como meu marido foi para mim naquele período.

À medida que o tempo passava, podíamos observar quanta fragilidade existia em nós! Quanta limitação! No entanto, ainda quando nos sentíamos incapazes e sós, sabíamos que o Senhor estava velando pelas nossas vidas, estava cuidando de nós. Sabíamos que o tempo dele estava se cumprindo na nossa história, e que ele mesmo estava nos moldando conforme sua boa e perfeita vontade. No entanto, foi um tempo de muito crescimento e de boas lições para nossas vidas. Era preciso confiar sem reservas. Era preciso esperar em Deus. Que desafio!

Foi em meio a um desses momentos, em que tudo se mostrava tão confuso, quando Deus parecia completamente atrasado em nos atender, que escrevi algo para mim mesma, algo que eu gostaria agora de compartilhar.

Tempo de Deus

Lemos a Bíblia, admiramos suas tramas perfeitas e até nos emocionamos com a presença inconfundível do Deus Eu Sou agindo sempre de maneira extraordinária, justa e surpreendente.

Ficamos perplexos com o tempo preciso de Deus agir, tanto na vida daqueles que imerecidamente desfrutavam de sua graça, quanto dos que enfrentavam o seu juízo.

Maravilhamo-nos! Tudo, cada milésimo, é computado no preciso relógio do Altíssimo. E o grande Deus, em sua pontualidade inequívoca, nunca se atrasa.

Abriu o mar na hora exata, quando o exército do Faraó estava tão próximo do povo de Israel, que eles podiam até mesmo enxergar o inimigo crescendo e se avolumando, tomando dimensões gigantescas dentro dos seus corações.

Por falar em gigantes, a pedra que atingiu Golias também o derrubou no momento exato em que ele partia de forma furiosa em direção ao pequeno e frágil pastor de ovelhas. E se Davi errasse o alvo? Daria tempo de um segundo arremesso?

O fogo desceu dos céus de forma pontual, exatamente na hora em que o profeta Elias o invocou e o esperou de Deus. Da mesma forma, pouco tempo depois, o mesmo profeta suplicou por água, chuva dos céus, e mais uma vez, no momento certo, Deus abriu as comportas.

O profeta Eliseu, direcionado por Jeová, chegou pontualmente na casa da viúva, na hora em que ela estava em meio ao seu maior desespero, afligida por uma tremenda e angustiante necessidade, e lhe multiplicou o azeite.

Não foi na primeira, ou segunda, ou terceira vez que Naamã se viu liberto do seu mal, mas somente na sétima vez que mergulhou no Jordão é que se viu livre e limpo, ou seja, no tempo exato determinado por Deus.

As muralhas de Jericó só vieram abaixo no sétimo dia, na sétima volta, no kronos indiscutível e intrigante de Deus. E esse mesmo Deus, por questão de segundos, não permitiu que Abraão imolasse o próprio filho.

Tempo de Deus. Quanta curiosidade cerca a nossa mente quando o assunto é esse. Quantas dúvidas invadem nossa débil alma quando nos deparamos com tal tema.

Interessante como no decorrer dos tempos a história se repete. E hoje, nós, povo de Deus aqui na terra, é que experimentamos sua ação em nossas vidas. Agora somos nós, felizes ou não, que temos que nos submeter ao tempo dele.

Mas como é difícil essa tarefa!

Nossas pernas insistem em correr, nossos braços teimam em lutar, nossa mente se recusa a descansar, nosso coração se debate e se convulsiona dentro de nós, em crises profundas, solitárias e confusas.

Deus! Aquieta-nos, por favor! Aquieta-nos! Mais que isso, Senhor, transforma-nos.

Dá-nos pernas que se movimentem em passos firmes e ligeiros ao encontro da tua presença extraordinária. Faça com que o esforço dos nossos braços seja para te abraçar, te alcançar, te tocar. Controla e inunda nossa mente com tuas promessas, teus feitos, teu caráter inabalável e perfeito. Dá-nos coração de cera, moldado pelo fogo ardente do teu amor sacrificial, amor que já ardia por nossas vidas quando nem ao menos existíamos.

Inunda nossa alma com tua doce e desejável presença. Socorre-nos em nossa fragilidade e ajuda-nos a crer na tua provisão e esperar por ela, pelo maná do céu, que vem sempre no tempo certo e na medida exata de nossas necessidades individuais. Leva-nos ao lugar secreto, de descanso pleno, onde podemos repousar à sombra dos teus planos.

Ensina nosso coração a sonhar os teus sonhos; mais que isso, queremos nos deleitar com cada um deles, ainda que nos pareçam tão estranhos, confusos e dolorosos. Ajuda-nos a sempre nos lembrarmos que cada um deles coopera para o nosso bem. E assim, direciona nossos passos nos caminhos que o Senhor mesmo, cuidadosamente, já tem traçado.

Ajuda-nos a crer que apesar dos anos, da história, do mundo, o Senhor não mudou, continua exatamente o mesmo, que age no tempo certo e preciso. Não nos deixe esquecer essa verdade tão renegada nos dia de hoje.

O Senhor não se atrasa. Ainda que aos nossos olhos isso pareça acontecer, o Senhor não se atrasa. O Senhor tão somente espera o tempo apropriado e oportuno para realizar obra infinitamente maior.

Quatro dias! Todos já achavam que cheirava mal, mas esse era o tempo do Senhor para exaltar seu nome através da vida de Lázaro. Quantas vezes achamos que existem coisas que já estão apo-

drecendo por descuido de sua parte, Deus! Por um atraso imperdoável dos céus! Que vergonha! Abra os nossos olhos para crermos e vermos a glória de Deus! A glória de Deus!

Senhor! Esperamos em ti. Por favor, ajuda-nos a renovar nossos votos de confiança e dependência. Aquieta o nosso coração tão impetuoso e rebelde; tão cheio de dúvidas e temores. Ajuda-nos, Deus! Habilita-nos a viver sem medo, esperando em ti, crendo no teu amor, descansando na tua vontade.

Em particular, ajuda-me a viver o Evangelho que tanto leio, pesquiso, ensino e admiro. Ajuda-me a desfrutar do Deus que tenho tanto prazer em conhecer. Conduz-me, ou melhor, carrega-me pelo caminho árduo e desafiante da prática do Evangelho. Aquece meu coração. Aviva a minha alma. Renova minhas esperanças.

Senhor, somos filhos frágeis e dependentes. Mas não somos órfãos. Aleluia!!! Louvado e glorificado seja o teu doce e precioso nome por essa verdade tão confortante! Exaltada seja tua perfeita e extraordinária vontade em nossa vida. Continue cuidando de nós. Continue nos conduzindo, nos carregando, nos amando, nos consolando e renovando.

Que nossos lábios declarem e nosso coração confirme o que a tua Palavra nos orienta a dizer em tempos de lutas, temores e angústias profundas: "Quanto a nós, nossos olhos estão fitos em ti. Nossas vidas em tuas mãos."

E confiantes nessa inquestionável certeza, podemos dizer que tudo está bem. Misteriosamente bem! Excedendo todo e qualquer entendimento, tudo está muito bem. Pois o relógio de Deus continua pontual e seus planos de amor caminham exatamente dentro do cronograma programado na mesa de reuniões dos céus, para o louvor de sua glória e para nosso crescimento.

Por isso, Deus, nossa alma não se abaterá, nem se perturbará, mas tão somente esperará em ti.

Hoje, ao olhar para trás e ver a maneira cuidadosa, criativa e surpreendente com que Deus tratou aquela situação em que eu me encontrava, só posso dizer que de fato experimentei a grandeza do que diz a Palavra de Deus em Isaías 55.9:

Assim como os céus são mais altos do que a terra, também os meus caminhos são mais altos do que os seus caminhos, e os meus pensamentos, mais altos do que os seus pensamentos.

Experimentar os pensamentos de Deus e andar por seus caminhos é um desafio que cada um de nós, cristãos, precisamos nos propor a viver. Mas é também um desafio que não podemos encarar sozinhos, não temos forças suficientes para isso. Nossos braços de carne não conseguem suportá-lo. Nossos passos são pequenos demais para trilhá-lo. E nosso coração é em extremo limitado para acolhê-lo. Precisamos do Senhor!

Por isso, o segredo está em buscá-lo. Nossa segurança e vitória repousam no mistério encantador dessa dependência. Que desafio enorme! Porém, que recompensa indizível experimentam aqueles que se atrevem a viver nessa dimensão.

O problema é que sempre achamos que conhecemos nosso problema mais do que ninguém e que sabemos exatamente qual é a melhor solução para ele. Agimos como crianças diante de Deus. Somos ingênuos e limitados. E influenciados por essa ingenuidade e limitação, oferecemos a ele nossas soluções, nossas ideias, que consideramos brilhantes e bem arquitetadas.

Lembro-me quando nosso filho caçula estava cursando a primeira série e chegou em casa dizendo que precisaria de cinco pamonhas[4] para a aula do dia seguinte.

– Cinco pamonhas? - questionei intrigada. Primeiro, por achar aquilo muito estranho. Segundo, porque na região em que nos encontrávamos, pamonha não era algo tão simples assim de se conseguir.

– Sim, mãe, cinco pamonhas - ele respondeu totalmente convicto.

– Mas a aula é sobre o que? Ciências? Culinária? Ou é alguma festinha?

– Não mãe, não é festa, é aula de Educação Artística.

Aí sim, que realmente não entendi mais nada. O que uma professora de Educação Artística poderia querer com cinco pamonhas?

Sem me conformar, perguntei mais uma vez:

---

4 Iguaria feita de milho verde; cozida em tubos da folha do próprio milho, e atadas com palhas ou com cordões, ou então presas por elásticos.

– Ela disse o que vocês fariam com essas pamonhas?

Ele então respondeu:

– Nós não vamos usar as pamonhas. Aliás, ela não pediu pamonhas.

– Mas então, por que você disse que precisa de cinco pamonhas para a aula de amanhã?

– É porque ela pediu que levássemos cinco elásticos de borracha. Daqueles que vem prendendo as palhas das pamonhas, sabe, mãe?

É claro que eu sabia. São os mesmos elásticos usados para prender pacotinhos de dinheiro. Elásticos que podem ser encontrados em qualquer papelaria e comprados aos montes.

Só que para ele, que só via esse tipo de elástico sendo usado para prender as palhas de milho que envolviam as pamonhas, a única forma de se conseguir um elástico era comprando uma pamonha.

Quantas vezes agimos assim. Sentados solenemente no trono da ignorância e limitação, ditamos a Deus soluções para nossas necessidades. Pensamos que as únicas saídas para as nossas dificuldades são aquelas que conhecemos. Agimos como tolos ao deixarmos de confiar nos pensamentos do Senhor, que além de superiores aos nossos, são muito mais práticos, perfeitos e simples.

Quantas vezes, ao precisarmos de uma simples borrachinha, clamamos a Deus que nos dê "pamonhas" inteiras, em vez de permitirmos que ele nos mostre que existe um caminho muito mais prático, simples, abundante e inteligente para suprir nossas necessidades.

Não importa o que você está enfrentando hoje. Continue crendo e esperando nos planos, nos pensamentos e no tempo do Senhor para sua vida. Não recue. Lute com coragem a batalha que está diante de você. Viva com esperança, pois há recompensa para as suas obras.

Seja qual for a sua dor, ou a dimensão do seu problema, confie. Descanse. Espere em Deus, e o tempo dele se cumprirá em sua vida e em seu favor. Não podemos nos esquecer nunca: os pensamentos dele são muito, muito mais altos que os nossos.

Não podemos desistir. É preciso prosseguir com persistência e confiança. É vital continuar orando e esperando no Senhor. É sábio e nobre seguir lutando com bravura, buscando com ousadia alcançar sonhos e viver projetos que parecem grandes ou até impossíveis de serem tocados.

Na hora da tribulação, da dor e da instabilidade, é preciso ter caráter.

Eugene H. Peterson, em sua obra *Ânimo* (Mundo Cristão, 2008), diz algo muito interessante:

> *"A marca de certos tipos de caráter é a capacidade de incansavelmente voltar à mesma tarefa com criatividade e interesse, ao longo de toda a vida. Nunca desistir ou se dedicar a outras coisas, jamais desviar a atenção ou ser atraído por algo diferente".*

E ao se referir ao caráter de grandes homens como Beethoven, ele ainda diz: "Persistia com disposição nova e criativa a cada tentativa. A mesma coisa muitas vezes, mas nunca o mesmo resultado, pois cada nova tentativa era marcada por notável criatividade".

Persistência. Perseverança. Insistência. Entusiasmo. Busca incansável e incessante.

Que Deus nos ajude a ter um caráter firme e inabalável, para enfrentarmos com dignidade, grandeza e total dependência cada uma das lutas que se colocam diante de nós.

Que ele mesmo molde nossas vidas, para que nosso prazer maior seja sempre descansar em sua vontade, nos deleitarmos em seus planos, nos submetermos, sem assombro ou desconfiança, ao seu tempo preciso de realizar cada obra em nossas vidas.

Que haja ânimo suficiente para continuarmos tentando inúmeras vezes, e criatividade abundante, caminhos diferentes, métodos novos e inspiradores para efetuarmos abordagens ainda não experimentadas e, assim, conquistarmos aquilo que nosso coração tanto deseja e espera.

Que ele mesmo nos dê um caráter inabalável e sólido para vivermos aqui na terra, o que tem sido planejado para nós no céu!

11

O Jardim

Depois que nos mudamos, muitas coisas aconteceram, mas a vida parecia caminhar cada dia mais tranquila, principalmente com relação à saúde de nosso filho.

Um ano depois, ele não estava usando um medicamente sequer, com exceção do hormônio, é claro. Também não estava fazendo terapia porque, pelo fato de se sentir muito cansado nos últimos meses do ano anterior, recebeu autorização do psiquiatra para dar um tempo de descanso.

Para quem chegou a tomar quatro medicamentos ao mesmo tempo, o que estávamos vivendo naquele momento era o retrato de um milagre. Porém, vez ou outra apresentava algumas recaídas, crises e dificuldades. Em especial quando o nosso filho mais velho voltava para a universidade ao término das férias, era visível seu abatimento.

Uma revolta com relação à separação insistia em fazer parte da sua vida e, como sabemos, todo "revoltado" acaba sempre descarregando sua indignação em coisas ou pessoas. Não sei por que, mas essas pessoas parecem simplesmente incapazes de viver suas crises sozinhas. Assim, parecem querer atormentar as outras, em uma tentativa de convencê-las de que estão de fato sofrendo ou, quem sabe, convencê-las de que a vida não é tão boa assim.

Dessa forma, seu comportamento se modificava todas as vezes que se sentia infeliz ou frustrado com alguma coisa. E geralmente sua crise desembocava em baixo desempenho na escola, desobediência, pirraças, provocações e apatia. Tais atitudes geravam outras crises, principalmente em relação ao nosso relacionamento, pois cobrávamos e corrigíamos sempre que necessário. E, como todo adolescente, ele não gostava disso.

Foi em meio a uma dessas crises que decidi tentar mais uma vez, de forma diferente, expressar tudo que sentíamos por ele, na esperança de que esse pequeno ato pudesse tocá-lo e fazer com que se sentisse mais amado e responsável por esse amor.

Ele sempre demonstrou muito prazer em ouvir a história de como foi sonhado, desejado e a maneira como nos encontramos. Perdi as contas das vezes que ele me pediu para repetir cada parte dessa história, e deitado em meu colo, ouvia cheio de empolgação a saga de nossa busca e a alegria de encontrá-lo. Assim, tive a ideia de abordar o assunto de forma diferente.

O fato de ser sonhado e desejado por alguém era algo que fazia muito bem ao seu coração. Aliás, isso faz bem ao coração de qualquer um de nós. Precisamos aprender a expressar isso aos nossos amados. Dizer a eles que são preciosos, importantes e queridos para nós. Dizer-lhes que nossas vidas estariam incompletas sem a presença deles. Verbalizar com todas as letras nosso afeto. Distribuir, sem economia, palavras de carinho e confissões de amor. Quantos filhos crescem sem ouvir dos pais a expressão: Eu te amo! Quantos pais jamais ouviram isso da boca de seus filhos. E os cônjuges? Muitos, com o tempo, deixam de expressar diariamente essas palavrinhas mágicas um para o outro. Que pena! Que grande pena! Que diferença a manifestação do amor através de palavras, toques e olhares pode fazer na vida de uma família.

Então escrevi para o meu homenzinho:

O Jardim

Havia uma menininha totalmente "de bem com a vida", que tinha um sonho especial. É que ela era dona de um jardim e queria muito três plantas nele.

Só que ela não queria plantas comuns, ela queria plantas realmente únicas, diferentes de todas que ela já tinha visto. Na verdade, ela queria plantas que não existiam em nenhum lugar da terra, com perfumes únicos, cores jamais notadas, formato singular, e que produzissem frutos que nenhum paladar da terra tivesse antes experimentado. Frutos doces, deliciosos, desejáveis... enfim, seu sonho era encontrar o melhor que pudesse existir para plantar em seu jardim.

O tempo passou, passou e passou, e ela não se cansava de sonhar com suas plantinhas especiais. Ela pensava: "Quando eu tiver minhas plantinhas no meu jardim, serei realmente muito feliz!".

Anos e anos sonhando e procurando pelas tais plantinhas. Agora ela não era mais uma menina, era uma moça muito alegre e corajosa, que continuava sua busca sem fim.

Até que um dia ela encontrou alguém muito interessante. Depois de se conhecerem um pouco mais, ela notou que ambos tinham os mesmos sonhos. Essa pessoa também queria três plantas para seu jardim; mas não podia ser nada comum, só servia se fossem especiais, totalmente diferentes, cheias de detalhes únicos e valiosos.

Dias se foram, e eles perceberam que seria melhor se procurassem juntos a solução para o caso, afinal, sonhavam o mesmo sonho. Foi quando decidiram que eles mesmos poderiam cultivar sementes especiais e, assim, talvez conseguissem o que tanto desejavam.

Começaram o audacioso projeto. Ela tinha só umas poucas sementes bem guardadas, mas ele tinha muitas. Para falar a verdade, tinha milhares, milhões de sementes guardadas. E a ideia foi selecionar as melhores e mais preciosas sementes que ela possuía e fundi-las às melhores e mais especiais que ele tinha, para tentar uma espécie de planta totalmente nova, diferente, jamais vista na terra. Será que conseguiriam?

Nesse projeto, cada um empenhava-se com o melhor de si. Tudo era feito com muito carinho. Havia alegria e uma expectativa muito positiva com relação ao resultado final. Com o tempo, eles notaram que uma sementinha parecia germinar. Será que resistiria? Cada um perguntava a si mesmo.

Durante as primeiras semanas, eles cuidaram daquela minúscula plantinha com todo cuidado, amor e muita expectativa. Como seria ela? Depois de alguns meses, veio a resposta: Linda! Perfeita! Inigualável! Ela era muito mais do que haviam sonhado.

Uma animação sem fim tomou conta deles. – Uau! Estamos no caminho certo, conseguimos nossa primeira planta especial!!!

E tempos depois, partiram para o segundo projeto, pois como sonharam, no jardim deveria haver três plantas únicas e totalmente novas.

Mais dedicação e amor foram dispensados nesse novo empreendimento. Interessante que começaram a notar que, quanto mais eles cuidavam um do outro, mais fértil o jardim que possuíam se tornava. Quanto mais se respeitavam, mais a terra se tornava fofa e cheia de vida. Quanto mais amavam um ao outro e procuravam satisfazer o desejo do outro, mais luz brilhava no jardim.

Uma semente começou a germinar! Que alegria! Era certeza de mais uma planta especial. Mas ela não resistiu às fortes tempestades, e apesar de todo esforço dispensado, acabou morrendo.

Foi um tempo de muita tristeza para ambos, pois não tiveram a oportunidade de ver sua plantinha tomar forma, experimentar a luz do sol, exalar perfume, exibir suas cores, enfim, não deu tempo para quase nada. A única certeza que tinham é que estavam perdendo algo precioso.

O tempo, que geralmente funciona como bom remédio para muita coisa, fez com que eles não desistissem do sonho, e começaram novamente a dedicar-se ao arrojado projeto.

Não foi fácil fazer com que essa nova sementinha, que acabara de germinar, se firmasse e desenvolvesse. Em muitos momentos eles pensaram que ela não fosse resistir, mas felizmente, diante de tanto cuidado e dedicação, a fragilidade teve que se render à força indescritível do amor.

Em pouco tempo eles podiam contemplar no jardim a plantinha aparentemente frágil, esbanjando vigor, vida e esperança.

Como estavam felizes e orgulhosos com suas plantinhas e os resultados que elas traziam para aquele jardim! Elas eram realmente tudo que haviam sonhado. Perfumavam, coloriam, movimentavam, frutificavam, enfim, elas eram o retrato da vida abundante naquele lugar.

Seus melhores momentos aconteciam quando podiam sorver as delícias daquele jardim; quando respiravam o cheiro doce que exalava daquelas plantas; quando contemplavam as cores de suas flores tão especiais, ou quando experimentavam o delicioso sabor dos seus primeiros frutos.

Vida. Havia muita vida ali.

No jardim, eles mantinham um contato pleno com suas preciosas criações. Ensinaram a elas infinitas coisas. Como crescer de forma bela. Como enfrentar tempestades e tempos de seca. Como agir quando fossem vistas, percebidas e elogiadas. Como reagir quando fossem criticadas. Ensinaram também que havia muitas espécies diferentes nos jardins próximos a eles, e cada uma precisava ser respeitada; algumas reverenciadas, outras admiradas, e ainda outras que jamais deveriam ser imitadas, enfim, a cada encontro uma novidade era vivida, apreendida ou ensinada.

É certo que de vez em quando, não sabiam exatamente o porquê, mas apareciam espinhos nas pequenas plantas. Espinhos que feriam quando se aproximavam, então, mais que depressa, eles tratavam de retirar esses espinhos, para que nada atrapalhasse o relacionamento deles. Era um processo doloroso para ambos os lados, tanto para quem retirava os espinhos quanto para quem se deixava ser tratado, mas era necessário. Assim como sabiam que era necessário também, de tempos em tempos, algumas podas. Hummm! Como eram dolorosas para todos! Mas quanto resultado positivo elas produziam! Brotos novos e cheios de seiva afloravam com um verde arrebatador, e mais tarde geravam cachos enormes de botões, que em pouco tempo explodiam em cores diversas, jamais notadas. E o perfume?! Parecia uma doce mistura das mais finas especiarias da terra.

No jardim eles se falavam, se tocavam, riam, brincavam, derramavam juntos suas lágrimas em tempos difíceis e sonhavam os sonhos mais belos. Era comum, muito comum, o som de beijos estridentes estralando a qualquer hora do dia. Como também era natural a maneira como viviam os dias de forma singela, pura e verdadeira.

Mas nem tudo estava completo. Ainda faltava uma planta para enfeitar aquele jardim. Isso era um consenso límpido e transparente, como o mais puro cristal. Agora, os quatro, decidiram que para tornar tudo ainda mais perfumado seria legal uma espécie diferente, trazida de outras plantações. Uma semente ímpar, totalmente singular, pois reconheciam haver sementes especiais em outros jardins também.

Na verdade, eles sabiam que havia centenas de sementes especiais que nutriam em si uma essência extraordinariamente bela e promissora, mas que por motivos diversos não estavam sendo bem cuidadas, ou simplesmente foram desprezadas por aqueles que deveriam cultivá-las.

Sim, a terceira semente viria de outro jardim. Não havia dúvidas. E começaram a procurar.

Muitos jardins foram sondados, muitos campos observados, e nada, nada de encontrarem a sonhada plantinha. Com o tempo, foram logo percebendo que essa procura, que a princípio parecia simples, não seria algo fácil de ser resolvido. E os anos foram passando.

Houve momentos em que eles praticamente perderam as esperanças, pois estavam com a pequena plantinha quase em suas mãos e algo inesperado acontecia, frustrando todos os seus planos. Porém, sem que percebessem, tudo isso fazia parte de um processo de "preparação do solo".

Quando já estavam cansados e bastante frustrados de tanto esperar, algo totalmente novo aconteceu. Alguém disse conhecer um jardim onde havia dezenas de pequenas plantas disponíveis para o cultivo. E partiram para aquele local.

Ao chegarem, logo perceberam que era realmente verdade. Plantas, muitas plantinhas havia naquele local. Plantas de todas as cores, todos os tamanhos, todas as espécies. Umas mais fortes e resistentes, outras mais frágeis e debilitadas, mas havia uma semelhança entre elas; todas, sem exceção, estavam profundamente feridas e marcadas. É que muitas já haviam passado por estiagens tremendas, furacões horrorosos, terremotos assustadores. Algumas tiveram até mesmo que aprender a se cuidar sozinhas, pois não havia ninguém que as regasse ou que lhes dispensasse os cuidados básicos e essenciais. Sim, algo era perceptível: apesar de tudo, elas eram fortes, muito fortes. Na verdade, aprenderam da forma mais difícil e penosa a serem fortes.

Em algumas as marcas eram também externas, cicatrizes cheias de histórias de dor. Mas as marcas maiores estavam mesmo mais escondidas, corriam em suas seivas, atrofiavam suas raízes, faziam com que seus galhos crescessem de forma contorcida e até desconexa. E o mais impressionante, com o tempo, quase todas produziam espinhos, muitos espinhos. Uns serviam como defesa, outros como arma de ataque, outros para despertar atenção, e outros ainda, como uma tentativa desesperada de provocar compaixão.

Não era um jardim comum. Não havia muitos perfumes por ali. Mas havia vida. Ainda que ferida, havia vida. E as cores que havia se mostravam de forma tímida, opaca, como que escondidas em meio à penumbra de dores; ou sufocadas pelo gosto amargo que aquele solo, que as nutria, parecia ter.

Mas ali, naquele campo, descobriram que estava a planta que faltava para completar o jardim dos sonhos. Eles a tomaram com todo carinho e cuidado que se pode dedicar. E a transportaram para o novo jardim, com os corações cheios das maiores expectativas que se possa viver.

Lá, tudo estava premeditadamente preparado. E como o mais nobre dos jardins, esperava por ela o solo mais fofo que alguém um dia pudesse preparar; assim como a água mais fresca, límpida e cristalina. Havia também depósitos enormes dos nutrientes mais necessários que imaginavam que poderiam ser úteis para sustentar e alimentar a pequena planta. E ainda os raios de sol mais límpidos e cheios de calor que alguém um dia pudesse desejar. Tudo cuidadosamente sonhado e preparado. Uma festa de emoções!

Havia também muitos convidados, todos que puderam convidar. Vieram dos jardins que estavam por perto e também dos mais distantes. Traziam seus perfumes mais especiais, suas cores mais vibrantes. Naquele dia, as flores se vestiram de forma exuberante: as folhagens brilhavam sob o límpido sol de primavera, as árvores frondosas agitavam seus galhos em um balé bem ensaiado e cheio de vida, a relva se esforçava para se apresentar mais macia e aconchegante, enfim, todos celebravam como podiam a chegada daquela preciosa plantinha.

Os que não puderam participar daqueles momentos de festa, enviaram de longe seus perfumes mais preciosos, para que fos-

sem vertidos sobre aquele pequeno ser, como oferta de amor, de afeto, de cuidado. É como se dissessem: "Seja muita bem-vinda, pequena plantinha! Floresça e frutifique nesse novo jardim! Você foi sempre esperada e desejada, agora é tempo de celebrarmos e cantarmos!"

E os donos do jardim contemplavam tudo aquilo com o coração cheio de profundo prazer. E em meio a tanta alegria e expectativa, derramavam sobre a pequena planta doses enormes de suas melhores essências: atenção, paciência, alegria e vida. Também a regavam com suas lágrimas mais sinceras, e diante da perceptível fragilidade, envolviam-na com seu calor.

No começo, apesar da novidade para todos naquele jardim e redondezas, tudo parecia normal. O solo fértil e bem adubado em pouco tempo começou a fazer diferenças profundas na vida daquele frágil ser. Ele estava visivelmente mais forte, até esbanjando certo vigor. Também pudera! Haja mudança! Mudança de terreno, nutrientes, ares, fonte de água, luz, cuidados, atenção e muito mais.

Contudo, havia uma expectativa muito grande focada sobre tanta fragilidade. Esperto, o pequeno ser percebeu logo isso e começou a revelar seus temores e inseguranças. Eram muitos olhares visando seu crescimento. Os holofotes não davam trégua, e tanto revelavam o mínimo progresso (motivo de festa no jardim), quanto os pequenos deslizes (que, no geral, causavam certa preocupação).

Assim, sob tantos olhares, a plantinha começou a se revelar por meio de suas atitudes, seus temores escondidos, e dizia, através do sacudir desconecto de seus galhos frágeis: "Não esperem tanto de mim. Não sei se serei capaz de responder a tanta expectativa. Não sei nem se mereço estar nesse jardim. Para falar a verdade, acho que ele é especial demais, limpo demais, organizado demais para uma planta como eu."

E para se defender começou a produzir espinhos. A princípio eles eram pequenos e quase insignificantes, não causavam tantos transtornos, só pequenos incômodos, porém, com o tempo, eles foram se tornando mais duros e pontiagudos.

E aquele jardim, com suas três plantas especiais, começou a mudar pouco a pouco, pois a nova moradora, a plantinha tão sonhada, se divertia espetando as outras com seus espinhos afiados. Isso causa-

va desapontamento e dor nas plantinhas que estavam ali há mais tempo e que aguardaram com tanta expectativa a chegada dela.

Todos se empenhavam em ajudar a nova plantinha. Tentavam mostrar sua beleza, suas qualidades, seu valor inestimável, seu perfume inconfundível, sua cor cheia de vibração, mas ela preferia não acreditar em nada disso. Preferia lembrar-se do jardim cinza e desbotado em que vivera. Recusava-se a exalar novos perfumes, perfumes que todos sabiam que estavam bem guardados dentro dela. Não, ela parecia estar presa ao cheiro desagradável do passado. Tentavam fazê-la olhar para a luz e convencê-la a permitir que aquela luz a tornasse mais verde, mais viva, mais viçosa. Tudo em vão, seu olhar insistia em focar o velho e sujo jardim, onde o mato, as pragas e as ervas daninhas dominavam.

Ela não se achava digna ou capaz de florescer plenamente, como suas plantas irmãs e companheiras. Em muitos momentos, sequer tentava. Recusava o desafio de romper limites. O medo invadia sua alma sempre que era desafiada a tentar. Parecia ter pavor de falhar ou de se frustrar. E frustração era um sentimento que ela sabia muito bem que gosto tinha, e decididamente, dela, não queria mais experimentar.

Todas as vezes que deveria ser podada (assim como as outras plantinhas sempre foram), ou que seus espinhos precisavam ser retirados, ela discordava. Não queria experimentar a dor. Preferia o caminho mais fácil e mais rápido do comodismo, a se submeter ao difícil, mas extremamente eficiente processo de poda.

Em especial, essa plantinha gostava muito de apontar seus espinhos afiados para aquela que mais sonhara com ela. Lembram da menininha "de bem com a vida"? Que se tornou uma moça alegre e corajosa? Agora ela era uma mulher madura, mas que continuava nutrindo com todas as forças, o mesmo e velho sonho: suas três plantinhas especiais no centro do seu jardim particular. Pois é, infelizmente, ela era agora o alvo preferido daquela plantinha. Pena! Logo ela, que estava pronta a fazer o que fosse possível para o bem-estar da plantinha. Se fosse necessário, ela não teria dúvida, ofereceria sua vida para salvar a vida daquele ser especial, que ela aprendera a amar com toda força do seu coração.

Assim, muitas perguntas surgiam. Qual deveria ser a melhor solução para esse jardim? O que aqueles dois sonhadores deveriam fazer para que a alegria se tornasse plena novamente?

Será que deveriam desistir do sonho? Será que existiria algo mais que pudessem fazer para ajudar a pequena planta a descobrir seu valor? Será que deveriam simplesmente esperar? Será que erraram ao terem a ideia de buscar uma plantinha desprezada e sofrida naquele jardim tão triste e levá-la para um lugar de esperança?

Dúvidas, muitas dúvidas. Mas os dois donos do jardim que possuía as três plantinhas especiais, sabiam que existia o jardineiro dos jardineiros. Um amigo fiel, que eles conheceram ao longo de suas vidas. Era sempre muito agradável estar com ele no jardim perfeito que ele mesmo possuía. Sem falar que a história daqueles dois havia mudado completamente desde o dia em que ele, o fiel jardineiro, começou a fazer parte de suas vidas. Não havia um momento sequer que eles não pudessem compartilhar com ele e que não fossem por ele acolhidos, ouvidos, ajudados, orientados. Aliás, eles amavam estar naquele lugar, amavam estar com o jardineiro, amavam descansar naquele local perfeito. Ali sempre fora lugar de alegria plena, deleite sem fim. Lugar de descanso, de água fresca, lugar de paz, muita paz.

Assim, foram correndo, mais uma vez, buscar a companhia do jardineiro que entendia absolutamente tudo sobre todas as espécies de plantas, e que em muitos momentos já os ajudara. Aliás, na época, ele achou a ideia de buscar uma plantinha em outro jardim simplesmente fabulosa. E eles sabiam que ele teria o remédio que é capaz de curar qualquer mal: folhas embotadas, galhos retorcidos, raízes fracas, troncos frágeis, falta de flores ou flores sem perfume, problemas de espinhos, ferrões, escassez de frutos, enfim, não havia nada que fosse grande demais para aquele sábio jardineiro. Por isso, foram correndo procurá-lo.

O nome dele era Sr. Eu Sou. Parte do significado desse curioso nome estava escrita em uma enorme pedra lavrada e cravada no centro do seu perfeito jardim. Interessante que aqueles nomes ou significados, misteriosamente se modificavam de acordo com a situação em que cada visitante que ali chegava estava vivendo. Ali, naquele dia, sobre aquela pedra, cercada pelas mais exuberantes flores que exalavam os perfumes mais desejáveis que alguém um dia pudesse almejar, era possível ler o seguinte:

Bem-vindos ao jardim do Grande EU SOU!
Eu Sou a água viva;
Eu Sou a luz;
Eu Sou o remédio;
Eu Sou a verdadeira raiz;
Eu Sou o alicerce;
Eu Sou o perfume;
Eu Sou a semente;
Eu Sou o sabor;
Eu Sou a cor;
Eu Sou a esperança;
Eu Sou o milagre;
Eu Sou a fé;
Eu Sou o socorro;
Eu Sou a cura;
Eu Sou a força;
Eu sou a resistência;
Eu Sou a beleza;
Eu Sou o vigor;
Eu Sou a retidão;
Eu Sou a vida,
Eu Sou o que sou.

Só o impacto de ler as palavras daquela pedra aparentemente fria, mas que parecia cheia de vida, fôlego e calor, encheu de esperança o coração dos donos do pequeno jardim. Cada uma daquelas afirmações arrebatava-lhes o coração. Algumas imediatamente lhes tiravam o fôlego. Assim, se encheram da certeza de que estavam realmente no lugar certo. Ali eles encontrariam o valioso remédio.

Eles ainda se lembravam das palavras que estavam escritas naquela pedra, tempos atrás, no dia em que chegaram ao jardim, completamente tomados pelo medo e dúvida, para pedirem orientação com relação a buscar ou não uma plantinha de outro lugar para fazer parte do jardim que possuíam.

Bem vindos ao jardim do Grande EU SOU!
Eu sou a coragem;
Eu sou a misericórdia;
Eu sou a esperança;
Eu sou a mão estendida;
Eu sou o socorro;
Eu sou a justiça;
Eu sou o acolhimento;
Eu sou o provedor;
Eu sou a sabedoria;
Eu sou o consolo;
Eu sou a ação;
Eu sou a compaixão;
Eu sou a ajuda;
Eu sou a paciência;
Eu sou a compreensão;
Eu sou o ânimo novo;
Eu sou o milagre;
Eu sou o que sou.

Naquela ocasião, assim que leram essas palavras, um fogo ardente lhes queimara o peito, e eles se sentiram totalmente motivados a levarem seus planos adiante, pois sabiam que em tempo algum estariam sós.

Depois de se lembrarem desse episódio, entraram na presença doce e desejável do grande Jardineiro. Passaram ali um tempo muito precioso, expondo suas dores e preocupações ao Maravilhoso Conselheiro. Por fim, saíram de sua presença completamente fortalecidos. Naquele dia, ouviram algo muito profundo e especial: "O que está em suas mãos para fazer, faça-o de todo coração, com todas as suas forças, porém, absolutamente ninguém pode obrigar um ser, por mais carente e necessitado que pareça, a se prostrar diante de mim. Isso é tarefa minha. E sempre ajo trabalhando a vontade individual e particular de cada um. É uma grande e misteriosa ação. A plantinha de vocês pode ser perfeitamente curada e restaurada, mas cabe a ela me procurar, me buscar e se entregar aos meus sábios cuidados. Então, eu vou tratá-la, podá--la, nutri-la, amá-la. Ensinem a ela o caminho do meu jardim. Digam a ela que estou esperando ansiosamente por esse doce encontro.

Ajudem-na. Orientem-na da melhor maneira que puderem, e digam a ela que o grande Eu Sou, munido com as mais ricas especiarias medicinais, a está aguardando. Enquanto isso eu estarei, através do sopro do meu vento, ajudando vocês em cada instante dessa missão. Darei ordem também para que minhas águas transformadoras se derramem sobre cada parte dessa amada plantinha, sobre seus galhos fragilizados, suas folhas murchas, seu tronco enfraquecido, suas flores sem perfume e suas raízes marcadas. Vou encharcá-la por completo, acreditem. Mais um detalhe: sob a ação da minha luz, os espinhos não podem resistir. Cuidem para que ela esteja sempre exposta à minha luz. Trabalhem incessantemente e confiem."

Naquele dia, os dois partiram do jardim dispostos a viver o grande e audacioso desafio: instruir o pequeno ser a buscar o caminho do perfeito jardim e encontrar-se com o mais sábio, mais doce e mais amável dos jardineiros.

Além dos conhecidos e essenciais cuidados já dispensados à pequena planta, essa seria a missão mais intensa e profunda que eles agora se empenhariam em alcançar. Não haveria trégua, não haveria sábados, domingos ou feriados, férias, nem pensar. Uma missão, um sonho, um objetivo, um propósito, ver sua frágil plantinha se entregando ao Grande Jardineiro e buscando nele TUDO que ela precisava para ter VIDA plena e feliz.

Deitei do lado dele em uma noite bem tranquila, quando estávamos apenas os dois em casa. Então, beijei-o com carinho e entreguei-lhe o texto para que lesse em voz alta para mim, pois agora era eu quem queria ouvir essa história tão especial. E queria ouvi-la de sua própria boca. Contada por ele. Narrada com sua voz.

Foi mágico! Ele às vezes parava e fazia algum comentário. Ou simplesmente sorria, ou fazia breves pausas em silêncio. Ao final, beijei-o mais uma vez, disse de novo que o amava muito e que ele era muito,

muito precioso para nós. Ele me abraçou e beijou carinhosamente e disse, como costuma fazer, que também me amava e que amava muito nossa família, nossa casa e tudo que diz respeito a nós.

Alertei-o para a necessidade de ter uma vida mais íntima e próxima a Deus. Disse-lhe o quanto isso é importante e pode fazer diferença na história de qualquer pessoa. Disse-lhe também que não há abandono, dor, privação, desprezo, angústia, perda, miséria ou mal que possa ser maior que o amor de Deus e sua compaixão para nos curar e abençoar.

Foi um momento muito especial. Vivemos um final feliz naquela hora. E desde então, tenho notado mudanças muito positivas em sua postura.

Desde que chegou em nossa família, literalmente a partir dos primeiros dias, temos falado e ensinado a ele sobre o grande amor de Deus e o poder que esse amor tem de transformar e curar.

Oramos com ele e por ele. Estudamos e ensinamos a Palavra de Deus a ele, e coisas novas têm acontecido em relação a sua vida espiritual no decorrer desses anos. Ele se mostra sensível e temente às coisas de Deus. Confia em Deus e o busca como parte natural do seu dia a dia. Temos visto progressos enormes em seu caráter. Temos presenciado transformações em várias áreas de sua vida, o que retrata uma ação oriunda de Deus. Enfim, ele confessa com clareza que pertence a Jesus e o ama de coração.

Sei que nosso filho é ainda muito jovem e que não seria justo esperar maturidade espiritual na fase em que está vivendo, mas alegro-me ao ver traços especiais e positivos que o diferenciam de muitos meninos de sua idade. Sinto-me feliz ao vê-lo crescendo no temor do Senhor.

Para quem convive com ele, sabe que ele, assim como cada um de nós, está em um processo desafiante de transformação. Algumas áreas de sua vida estão sendo refeitas, outras, construídas da base, mas é visível e animador o progresso que tem alcançado dia a dia.

Não conhecemos as profundezas do coração de absolutamente ninguém. Se formos bem sinceros, não conhecemos bem nem nosso próprio coração. Quantas vezes ele nos surpreende ou engana. Porém, talvez ainda falte na vida de nosso filho um toque especial. Um encontro particular, uma experiência única, singular, daqueles que, quando ocorrem, nos marcam para sempre.

Vemos acontecer com várias personagens da Bíblia, que apesar de temerem e amarem Deus de forma verdadeira, em determinado momento, passaram por um encontro particular, específico e especial, como Jó, por exemplo, que depois de tudo que viveu pode dizer: *Meus ouvidos já tinham ouvido a teu respeito, mas agora os meus olhos te viram* (Jó 42.5). Da mesma forma, talvez ainda falte algo parecido na vida de nosso filho.

Se isso realmente ainda não ocorreu na vida dele, espero, pela fé, que um dia aconteça. Pois um encontro assim faz diferença na vida de qualquer pessoa: rico, pobre, famoso, desconhecido, culto, ignorante, influente, insignificante, filho biológico ou filho adotivo. Não há acepção. Todos que se propõem a experimentar um encontro íntimo e particular com o grande Deus, com o admirável Eu Sou, jamais serão os mesmos.

Pois no instante em que um encontro assim acontece, cada cantinho do coração é vasculhado, visitado, iluminado, até mesmo os lugares mais escuros e secretos dele, aqueles que fazemos questão de esconder ou de ignorar. E constrangidos pelo imenso amor, somos levados a abrir, sem reservas, o velho baú de lembranças, e tudo vem à tona, em uma erupção de memórias e fatos que nos marcaram ao longo da nossa história.

E é nessa hora, que toda e qualquer ferida que, apesar do tempo, insiste em permanecer aberta, é inundada pelo óleo curador do Senhor. A vida é encharcada pelo bálsamo refrescante que alivia toda dor, mesmo aquelas que porventura estejam escondidas em algum lugar do passado. Quando um encontro assim acontece, cada uma das lágrimas derramadas ao longo da vida é cuidadosamente enxugada, e a dor de qualquer marca deixada se dissipa por completo, sufocada pela avalanche de amor que invade a alma.

Só um encontro dessas proporções nos faz entender que nada pode ser maior que o amor de Deus por nossa vida. E que nenhuma rejeição, abandono ou qualquer outro mal que nos tenha atingido é capaz de ofuscar esse amor que possui dimensões incomparáveis. Amor que é alto, intransponível, profundo, mas misteriosamente acessível.

É uma experiência assim que cada um de nós deve procurar viver. Intimidade com Deus deve ser sempre nosso objetivo. Muitos de nós dizemos andar com ele, mas em vários momentos nos recusamos a parar e deixar que nossa alma seja vasculhada, sondada para que o lixo que porventura esteja lá seja removido. Sim, o lixo que vai se acumulando ao longo de nossa caminhada, provocado pelas injúrias sofridas, pelos desalentos, decepções, injustiças, enfim, lixo que vai se transformando em feridas que insistimos em manter abertas, apesar do tempo e da dor.

De tempos em tempos todos precisamos parar e procurar ter esse encontro de intimidade com Deus. Precisamos reservar um tempo para procurar o caminho do jardim do grande Eu Sou e nos deliciarmos com tudo de precioso e especial que ele tem para nos oferecer.

Um encontro com o precioso jardineiro, para que ele afofe a terra ao nosso redor, tornando-nos mais sensíveis. Para que regue com carinho nossas raízes sedentas, e assim alcancemos terrenos mais profundos. Para que ele toque em nossos galhos quebradiços e os deixe mais fortes e úteis. Para que sustente nosso caule com nutrientes especiais e o faça mais resistente em tempos de tempestades. Para que ele lance sua luz sobre cada folha, tornando-as mais verdes, sadias e viçosas. Para que ele sopre com o vento de vida sobre nós e uma explosão encantadora de cores e flores encha nossos dias de alegria. Para que ele simplesmente nos toque e nos faça frutificar com frutos abundantes, sadios, saborosos e desejáveis.

Enfim, devemos procurá-lo sempre em busca de momentos não apenas de refrigério e renovo, mas também de orientação. Pois através desses encontros é que somos ensinados por Deus a adotar coisas ou situações que se colocam diante de nós. Mais que isso, é nesses momentos de intimidade com o Pai que vamos encontrar equilíbrio e discernimento para definirmos três faces diferentes com relação à adoção.

A primeira vou chamar de "adoção da aceitação", que é quando ele nos mostra o que precisamos adotar, aceitar em nossa vida exatamente do jeito que está, pois não há nada que possamos fazer que possa alterar a situação.

A segunda face vou chamar de "adoção da transformação", que é quando ele nos mostra o que precisamos adotar, acolher, abraçar em nossas vidas, e assim, encontraremos forças e disposição para lutar em busca de mudança, transformação. Lembra do exemplo do atleta? Ele adota suas deficiências para lutar contra elas.

E por fim, a "adoção do abandono", quando Deus nos dá discernimento para adotarmos uma ideia de abandono, ou seja, ele nos mostra coisas em nossa vida que precisam ser abandonadas, banidas, para que de fato ele reine em nós. Parece estranho falar de adoção do abandono, mas só conseguimos abandonar de fato algo que não deveria existir em nossa vida, quando adotamos, aceitamos, nos conscientizamos por completo dessa necessidade.

Talvez essa seja uma das atitudes mais difíceis de serem praticadas, pelo fato de exigir de nós que lutemos contra nossa própria vontade. Veja bem, enquanto um cônjuge não adota a ideia de que precisa abandonar o adultério, ele não vai alcançar a restauração do seu casamento, tampouco a plenitude de Deus em sua vida. O mesmo ocorre com um dependente químico: enquanto não há adoção da necessidade de mudança, não haverá transformação de sua realidade.

Um encontro com o grande Eu Sou, com o maravilhoso jardineiro! Como precisamos disso em nossa caminhada! Para que ele não somente nos instrua e ensine, mas também para que trabalhe em nós com intensidade, fazendo em nossa vida muito mais do que imaginamos ou sonhamos.

Talvez você venha caminhando há muito tempo com Deus. Talvez até tenha sido alguém bastante útil e influente onde vive, alguém que tenha se esforçado para realizar coisas grandes e significativas. Mas talvez não tenha se preocupado como deveria em parar absolutamente tudo, até o mais importante e urgente de todos os afazeres, para procurar encontros particulares e significativos na presença do Pai. Peça a Deus para que encontros dessas proporções de fato ocorram em sua vida, e aguarde as alegrias indizíveis que esses episódios trarão para a sua história.

12

Que amor é esse?

Logo nos primeiros anos conosco, nosso filho teve que fazer uma pequena cirurgia, de fimose. Explicamos a ele como seria tudo e que aquilo seria para o seu bem. Ele ouviu e descansou completamente naquelas palavras.

No dia da cirurgia, foi todo animado para o hospital. Comportou-se de maneira corajosa e positiva. Aliás, ele sempre enfrentou as dores físicas como um forte guerreiro. Tudo correu muito bem, graças a Deus, e logo estava na sala de recuperação.

O problema é que à medida que a anestesia ia passando, dores começaram a surgir e iam ficando cada vez mais fortes. O desconforto tomou conta dele e jamais vou me esquecer o que aconteceu naquele dia. Ele segurava minha mão, a apertava bem forte, e olhando indignado para mim, dizia:

– Isso é para o meu bem? Isso é para o meu bem?

Apesar de sentir pena dele naquele momento, e de tentar de todas as formas amenizar sua dor, foi impossível não achar graça da situação naquela hora, pois para mim ele era o retrato de cada um de nós, que dizemos confiar plenamente em Deus, nosso pai.

Vou me explicar melhor. Dizemos que cremos que o Senhor sabe o que é melhor para nossas vidas e que todas as coisas cooperam para o bem daqueles que o amam, porém, basta algo não funcionar como esperávamos, basta sentirmos um pouquinho de dor, e nossos olhos se esbugalham em direção ao grandioso Deus, e perguntamos indignados:

– Isso é para o meu bem? Isso é para o meu bem?

Verdade é que, em muitos momentos, duvidamos que certas situações realmente irão cooperar para o nosso bem. Em meio a crises, dores e obstáculos mil, nossos olhos se recusam a enxergar, pela fé, que até mesmo as maiores feridas que são abertas em nossa alma, podem fazer parte do processo de crescimento que Deus é capaz de trazer para nossas vidas.

Ao longo dos anos convivendo com tudo que envolve uma adoção, nos momentos de dores, em que não sabíamos o que fazer, em que nossos sonhos se pareciam mais com um grande e terrível pesadelo, nosso coração às vezes questionava se aquilo era de fato o bem do Senhor para as nossas vidas.

Quanta fragilidade demonstramos quando o assunto é dor, decepção, perda, frustração. A fé parece se tornar algo sem sentido. A ferida que dilacera a alma rouba a cena e nos faz sentir sem chão. A decepção com os propósitos frustrados e a relutância em não aceitar a perda, explode em forma de dor e a única coisa que conseguimos dizer é:

– Por que, Senhor? Por que tem que ser assim?

A sensação de abandono, desprezo e inutilidade toma conta de nós. E um turbilhão de questionamentos começa a bombardear nossa mente. Se eu estou me esforçando para fazer o melhor, por que tudo está tão complicado e difícil? Se o Senhor tem poder para mudar toda e qualquer situação, por que ele não olha pra mim? Se fazer o bem é a vontade de Deus, por que tenho sido tão perseguido e sofrido tanto ao praticá-lo? Se o Senhor ouve clamores sinceros, por que ele não me socorre? Se Deus é poderoso para fazer mais do que tudo que pedimos ou pensamos, por que ele não me livrou dessa situação? Se o Senhor me ama mesmo, por que tenho que passar por isso? Se, se, se...

O questionamento faz parte desse processo, e a meu ver ele é benéfico por várias razões: primeiro, porque nos faz colocar para fora sentimentos que nos incomodam naquele momento. Somos humanos, e questionar e reclamar quando alguma coisa está doendo ou nos fazendo mal é mais que natural.

Em segundo lugar, vejo os questionamentos como algo que serve para realçar nossa limitação, pois não temos respostas para quase nada que nos rodeia, nem mesmo para coisas que dizem respeito à nossa própria vida. Não sabemos, por exemplo, até quando vamos viver, se teremos saúde amanhã ou não, se vamos conseguir realizar nossos sonhos, se seremos surpreendidos por algo que mudará o rumo de nossas vidas, enfim, não sabemos nada, não temos certeza de nada, a não ser da verdade de que somos frágeis e dependentes.

É certo que fazemos planos que nos parecem bons e perfeitos, mas não podemos nunca nos esquecer que a resposta final e certa, vem sempre da boca do Senhor. Esse é o retrato real da nossa pequenez e fragilidade: não estamos no controle. E sempre que questionamos algo que nos está ocorrendo, estamos de fato lidando com nossa ignorância e limitação.

Questionar serve ainda para nos fazer analisar nossa própria história, para sondarmos nosso coração e verificarmos como temos vivido. Serve para podermos chegar diante de Deus e dizer como o salmista: *vê se em minha conduta algo te ofende* (Sl 139.24a). Serve para verificarmos se há algo errado em nossa vida que está impedindo que as bênçãos do Senhor nos alcancem.

Sabemos que essa é uma possibilidade real. Vemos vários exemplos disso na história: homens e mulheres que experimentaram a dor e a angústia pelo fato de estarem levando uma vida incompatível com a vontade de Deus. E a palavra do Senhor é muito clara em nos dizer que Deus, como pai que ama, corrige seus filhos.

Quando é que um filho precisa de correção, de limites? Certamente quando está fazendo algo que não deveria, ainda que não consiga perceber isso por si só. Não é exatamente assim que agimos com nossos filhos? Nós, por amor, e por termos uma visão muito mais ampla das consequências que certos comportamentos podem trazer para suas vidas, os interceptamos em seus planos. Isso geralmente gera raiva, decepção e indignação.

Tomemos esse exemplo: o garotinho de dois anos de idade é levado à praia pelos pais. Lá, empolgado com tanta beleza e liberdade, ele resolve se aventurar sozinho em um delicioso banho de mar. O que você espera de seus pais naquele momento? É claro que uma ação, uma atitude, espera-se que imponham limites.

O pai que de fato ama e se preocupa, impedirá que seu filho viva aquela "deliciosa" aventura no mar. Ainda que aos olhos daquela criança tudo pareça normal e seus planos se mostrem tão "perfeitos", pois vê dezenas de pessoas se divertindo e curtindo com alegria ondas espetaculares, seus pais sabem que ela precisa ser interceptada, pois não consegue enxergar o perigo que se esconde atrás daquelas águas claras e refrescantes.

E assim, aquele filho se sente frustrado e infeliz, sem conseguir entender que seus pais o impedem de todas as formas de sair correndo sozinho e encarar aquela imensidão, porque sabem bem que aquilo pode ser muito agradável para outros, mas não para ele, ao menos naquele momento.

Mais tarde ele poderá até se tornar um exímio surfista e conseguir dominar ondas gigantescas, e seus pais certamente irão vibrar com esse feito, mas naquele momento, a resposta é não. E se ele continuar insistindo, vai ser tirado dali, ainda que sob protestos e choros. Sabe por quê? Por que ele possui pais que lhe querem muito bem. Pais que o amam e sabem que aquele não é o tempo certo de deixá-lo ir. Sabem que ele não está pronto e que, se insistir em viver a aventura, aquele delicioso projeto pode se transformar fatalmente em uma tragédia.

Sim, quando as coisas não caminham como esperávamos e as muitas perguntas tomam conta de nossa mente, ou quando nos sentimos tolhidos por Deus, certamente é tempo de analisarmos nosso coração e verificarmos se, como garotinhos na praia, não estamos tentando nadar em águas profundas e agitadas demais. Quem sabe, já estamos nos afogando na desobediência e infidelidade.

Existem, sim, os sofrimentos que vivemos como fruto da nossa falta de temor a Deus, nossa negligência para com o santo e sagrado. E aí, o único caminho que nos resta é o arrependimento e uma atitude de submissão total e verdadeira a ele, além, é claro, de termos que lidar com as consequências.

Por fim, entendo que os questionamentos que surgem na hora da dor, existem também para aprendermos a confiar em Deus sem reservas. Foi assim que aconteceu com Jó: ele, diante da dor provocada pelas perdas que pareciam irreparáveis, sondava seu coração com profundidade e verdade. Como não havia nada que o condenasse, pois ele era reto e justo, simplesmente se submeteu à vontade de Deus e aos seus planos infinitamente maiores e perfeitos.

Esse é o grande desafio para nós diante das decepções: nos submetermos sem reservas aos planos de Deus para nossa vida.

Adotar uma pessoa não é uma tarefa fácil. Ver os planos de acolhimento, felicidade e prosperidade parecerem se frustrar diante dessa ação é mais difícil ainda. Enfim, encarar grandes desafios, que aos nossos olhos parecem de fato gigantescos, é algo que nos deixa assustados, cheios de temor e questionamentos.

No livro *O Senhor dos anéis: A sociedade do anel* (Martins Fontes, 2001), de J.R.R. Tolkien, há um diálogo interessante que relata o temor de Frodo ao ter que encarar um desafio que considerava grande demais para si. Ele diz: "Não fui talhado para buscas perigosas. Gostaria de nunca ter visto o anel! Por que veio a mim? Por que fui escolhido?" E a resposta de Gandalf para ele foi: "Perguntas desse tipo não se pode responder [...]mas você foi escolhido e, portanto, deve usar toda força, coração e esperteza que tiver".

Eu sabia que Deus havia nos escolhido para aquela tarefa, e mesmo que não nos sentíssemos talhados o suficiente para encará-la, era preciso nos empenharmos com força total, colocando nosso coração de forma intensa e sem reservas para executá-la, e ainda teríamos que usar de esperteza para nos livrarmos das armadilhas e empecilhos que se colocariam diante de nós durante o processo de execução.

No entanto, todas essas lutas e desafios têm me ensinado lições preciosas, que jamais me abandonarão. Uma delas é a certeza de que quando Deus nos escolhe para uma tarefa, seja ela o que for, ele sabe o que está fazendo.

Quando o Senhor permite que enfrentemos vales profundos em nossa caminhada, ainda que seja o próprio vale da morte, ele continua no controle. Por isso, mais do que nunca, nossos olhos precisam estar voltados para ele e confiar, depender, esperar.

O desafio da adoção tem me ensinado também verdades muito ricas com relação ao meu relacionamento com Deus. Uma das mais importantes é que somos todos filhos adotivos do Senhor. O único que possui sua essência, seu DNA é Jesus. Quanto a nós, fomos recebidos em amor.

O texto de Efésios 1.5, ao se referir aos planos de Deus com relação aos homens, diz: *nos predestinou para ele, para a adoção de filhos, por meio de Jesus Cristo, segundo o beneplácito* (aprovação) *de sua vontade* (ARA).

Ou seja, Deus aprovou, consentiu, usou de seu beneplácito para executar seu plano de amor com relação a nós, para nos oferecer a adoção. E o que mais me impressiona é que Deus quando escolheu nos adotar, não tinha uma visão romântica e irreal de como tudo seria. Ele, ao contrário da maioria dos pais que se propõem a viver uma adoção, sabia exatamente o que lhe esperava. Ele conhecia nossa natureza. Sabia exatamente como somos. Tinha perfeita consciência de como a desobediência, mentira, ingratidão, revolta, dureza de coração, orgulho, egoísmo, tudo, absolutamente tudo isso faria parte do nosso relacionamento com ele. E ainda assim nos escolheu.

Ele sabia que quando as coisas dessem errado em nossas vidas, ele seria sempre o primeiro que culparíamos. Ele sabia que apesar de nos desejar de todo coração, de amar e ter profundo prazer em estar conosco, não nos esforçaríamos para estar com ele, e que facilmente colocaríamos outros afazeres ou outras coisas ocupando o tempo e o lugar que deveríamos desfrutar em sua presença.

Ele sabia que estaríamos sempre duvidando da sua boa intenção em fazer o melhor por nós. Sabia que não valorizaríamos sua dedicação incondicional ou que ignoraríamos o prazer que sente como pai, de cuidar de nós, de nos acolher, sustentar, sarar nossas feridas, nos dar diversão, alegria, conquistas, descobertas, enfim, a satisfação que sente em nos dar absolutamente tudo de que precisamos, sem limites ou reservas.

Ele sabia muito bem que teria que nos tratar com muita paciência, com uma quantidade abundante de perdão, com uma porção incalculável de amor. Ele sabia tudo.

Que amor é esse?! Que amor é esse, que não se preocupa com idade, ou com o nosso passado? Ele aceita todos, ele não coloca limites. Pelo contrário, entende muito bem que quanto mais tempo longe dos braços do Pai, mais ferido e necessitado aquele ser está, mais carente é de socorro e de vida.

Que amor é esse, no qual a misericórdia permeia cada instante da relação? E a perseverança incansável, a graça abundante, a bondade despretensiosa e o perdão inesgotável são experimentados sempre que necessário?!

Que amor é esse?!

Sim, a experiência da adoção tem de fato me ensinado inúmeras coisas com relação ao caráter irrepreensível de Deus. Uma delas é a maneira como somos amados por ele. Amor incondicional. Amor sacrifical. Amor sem limites ou reservas.

Aprendi que estamos constantemente envolvidos por esse amor inexplicável e intenso. Por incrível que pareça, e por mais indignos que sejamos, é exatamente assim que somos amados. Cada um de nós, particularmente amados.

E é assim que devemos amar. Que desafio incrível!

Por isso, amar minha família com amor sacrifical é o meu objetivo. Não posso desejar nada menos que isso. Amar meus filhos, biológicos ou não, seguindo esse modelo de amor. Porque esse é o exemplo de Deus para mim, esse é o padrão que ele deixou.

Sei que existe um temor com relação à carga genética que carrega uma pessoa que é adotada, há uma preocupação com o sangue que corre em suas veias. Seja essa pessoa adotada com uma hora de nascida ou seis, oito, doze, dezesseis anos, não importa, normalmente, há um medo de que a personalidade, o jeito, os hábitos sejam contrários ao que se espera.

Confesso que em muitos momentos senti esse temor. Até o dia em que entendi que não há sangue de nenhuma família nessa terra que possa ser mais forte ou mais poderoso que o sangue de Jesus. Sejam famílias influentes, históricas ou tradicionais, ou sejam elas insignificantes, miseráveis ou desprezíveis, todas carecem do mesmo amor e graça. Qualquer um que pertença a elas necessita ser lavado pelo sangue de Jesus. E o poder desse sangue transforma histórias. Ele apaga qualquer mancha deixada pelo pecado. Ele tanto limpa o orgulho, a prepotência, a indiferença, o egoísmo, quanto lava toda humilhação, desprezo, indignidade e vergonha.

E é confiando no poder de transformação dessa poderosa ação de Deus que tenho vivido cada um dos meus dias. E assim, contemplo progresso, crescimento em várias áreas da minha própria vida e daqueles com quem convivo, em especial meu filho caçula.

Eugene H. Peterson, em sua obra *Ânimo* (Mundo Cristão, 2008), diz algo de uma profundidade impressionante:

> *"Nenhuma criança é somente uma criança. Cada uma delas é uma criatura por meio da qual Deus pretende realizar uma obra gloriosa e grandiosa. Ninguém é somente um produto dos genes dos pais. Quem nós somos e o que seremos é definido pelo o que Deus é e faz. O amor, a providência e a salvação de Deus estão incluídos na realidade de nossa existência, junto com nosso metabolismo, tipo sanguíneo e impressões digitais." (pág. 28)*

Concordo plenamente com essas palavras. Assim como enxergo qualquer criança na terra, não via meu filho apenas como mais uma criança, mas o via, assim como o vejo hoje, como uma criatura muito especial, em cuja vida Deus poderia realizar atos cheios de grandeza e glória.

Diante disso, cria que os pais que o geraram jamais seriam maiores ou mais influentes do que o Deus que o formou. E acreditava também que cada dia de sua vida estaria encharcado do imenso e inexplicável amor desse Deus, que estaria derramando misericordiosamente sua providência e salvação não somente sobre seu cotidiano, mas alcançando também os lugares mais profundos e inacessíveis aos seres humanos: o próprio metabolismo, cada gota de sangue e até mesmo no detalhe único e particular de suas impressões digitais.

Sinceramente, trilhar o caminho da adoção sem uma convicção tão confortadora e cheia de esperança torna-se uma tarefa muito difícil, permeada de temores e incertezas. Sem dúvida, realizá-la sob a sombra do amor de Deus, a torna bem mais acessível e estimulante.

Interessante algo que Aslan diz para Lucy em *O príncipe Caspian*, de C. S. Lewis,

– Quanto mais você cresce, mais você percebe o quanto sou grande.

Essa é a sensação que tenho experimentado. Quanto mais tenho crescido com essa experiência, quanto mais observo meu filho crescer, mais tenho a certeza de que meu Deus é grande! Quanto mais dificuldades e desafios cada um de nós, como família, vive e os supera, mais convicta e maravilhada eu digo: Como Deus é grande!

Percebo claramente essa grandeza de Deus sempre que contemplo meus três filhos. E sei que coisas ainda maiores acontecerão na vida de cada um deles. Meu desejo é contribuir para que isso de fato se cumpra.

O salmista compara as flechas nas mãos do guerreiro com os filhos na vida dos pais. Flechas existem para serem lançadas. Sua existência não faria nenhum sentido se não fosse para serem atiradas pelo guerreiro com destreza e precisão em direção ao alvo. Esse é o desejo do meu coração: lançar as três flechas que Deus colocou em minhas mãos na direção que ele mesmo determinar.

Não os quero só para mim. Eu os desejo como instrumentos poderosos e eficazes que vão fazer diferença ao tocarem o alvo, ainda que esse alvo esteja a centenas de quilômetros de mim. Eu os quero para a glória de Deus. Eu os quero para que a grandeza de Deus seja notada através da vida deles, por meio de cada uma de suas atitudes. E me coloco humildemente como ferramenta útil nas mãos do Senhor para que esse objetivo seja alcançado.

Enquanto isso não se cumpre em sua completude, encaro os desafios do cotidiano. Permaneço firme na preciosa missão de ser mãe de três filhos completamente diferentes um do outro, mas simplesmente espetaculares. Continuo empenhada, concentrada e atenta, trabalhando com todo o coração na preparação dos meus deliciosos doces cítricos. E quer saber? Eles estão cada dia mais saborosos e desejáveis.

Com eles tenho aprendido diariamente a doce ação da adoção. Tenho entendido que adotar, ainda que seja a própria dor ou uma grande frustração, é um dos caminhos que podem nos conduzir à paz.

Não temos desfrutado dias perfeitos, mesmo porque eles não existem aqui na terra. Mas apesar das adversidades, temos vivido dias de serenidade e paz. Temos sonhado, aprendido e lutado com Deus. E não nos cansamos de esperar por ele em todo o tempo e necessidade. Assim, temos experimentado dezenas de finais felizes.

Não sei o que me aguarda com relação aos anos que virão, que planos o Senhor tem para a vida do nosso filho caçula, e também para nossa vida como família. Contudo, uma certeza inunda minha alma: eu não preciso temer, pois Deus está no controle. Essa verdade enche meu coração de coragem, esperança e paz. Saber que Deus já está cuidando do nosso futuro, me faz viver e desfrutar de um descanso indizível.

Como toda mãe, às vezes me pego sonhando com o futuro do nosso filho caçula. Que profissão escolherá? Penso que poderia ser um ótimo biólogo, pela paixão que tem por insetos e pequenos animais. Quem sabe um veterinário. Um excelente profissional na área de Educação Física, por se dar tão bem no campo dos esportes, ou até um jogador de futebol, sua grande paixão. Um gastrônomo, grande *chef,* pelo interesse e prazer que tem ao lidar com os sabores. Um psicólogo especializado em crianças, como ele mesmo expressa de vez em quando desejar. Enfim, é impossível saber isso agora; são tantas opções... só quero que seja feliz e que faça muitos felizes com o que escolher realizar.

Fico pensando com quem irá se casar. Quem escolherá? Quem será a mulher da sua vida? Digo a ele o que sempre disse aos meus filhos mais velhos: não importa de onde essa pessoa virá, como será sua aparência ou quanto possuirá. O mais importante é que tenha um coração totalmente voltado para amar Deus, pois no geral, quando amamos de fato o Deus dos céus, nos esforçamos mais para honramos nossos compromissos de amor com os homens aqui na terra.

Sei que se Deus lhe der esse privilégio, será também um excelente pai. Um pai que saberá adotar com muito afeto cada um de seus filhos, sejam eles biológicos ou não. Não posso nem imaginar a emoção que tomará conta de mim, se um dia tiver a honra de carregar um filho dele nos braços!

Enquanto o amanhã não chega, nosso filho tem aprendido a lidar com as dificuldades e frustrações de hoje. Tem aprendido a adotar a vida como ela é. Tem demonstrado grande progresso com relação a isso. Sabe que há um caminho longo a ser percorrido, e parece estar disposto a caminhá-lo com confiança e esperança. Sabe também que sempre, em todo o tempo, poderá contar conosco.

Tem crescido em suas atividades cotidianas. Tem se empenhado na escola, inclusive foi eleito pela turma como líder de classe esse ano, o que nos encheu de orgulho.

Diante desse episódio, não pude deixar de pensar que aquele, que anos atrás ninguém enxergava, é hoje o mais votado para liderar sua sala de aula. Isso para muitos parece pequeno e insignificante, mas não enxergo dessa forma. Aprendi a abrir meus olhos para contemplar até mesmo as pequenas conquistas não somente na vida do nosso filho, mas tenho procurado adotar isso como um estilo de vida próprio. Por isso me alegro inclusive com esses detalhes aparentemente banais, e com gratidão reconheço o agir de Deus na vida do nosso caçula; e sei que muito mais ele fará.

Lembro-me mais uma vez da vida de Davi. Enquanto ninguém o notava, enquanto era preterido até mesmo pelo próprio pai, que na ocasião não via nele a mínima possibilidade de ocupar um cargo importante e cheio de honra, ele foi visto por Deus. O Senhor o enxergou, ainda que atrás das poucas ovelhas que cuidava. Ainda que vivendo uma vida simples, realizando tarefas humildes e comuns, o Senhor o viu e o escolheu para ser grande, de fato, o maior rei que houve na história de Israel.

> *Agora pois, diga ao meu servo Davi: Assim diz o Senhor dos Exércitos: Eu o tirei das pastagens, onde você cuidava dos rebanhos, para ser o soberano sobre Israel, o meu povo. Sempre estive com você por onde você andou, e eliminei todos os seus inimigos. Agora eu o farei tão famoso quanto os homens mais importantes da terra* (1Cr 17. 7s).

Entre tantas coisas interessantes nesse texto, acredito que um detalhe precisa ser destacado. Deus diz para Davi que eliminou os inimigos diante dele. Quem conhece a história completa desse homem sabe quantos inimigos ele teve que enfrentar, quanta perseguição precisou administrar, quantas batalhas horrendas teve que encarar, quanta solidão, desprezo e angústia teve que experimentar. Sim, o Senhor elimina os inimigos que se colocam diante de nós, mas ele usa nossas pernas, nossos braços, nossa mente, nossa vida, nossa fé para exterminar cada um deles.

Eles não desaparecem como em um passe de mágica. Eles são eliminados por Deus, quando nos levantamos e nos colocamos como armas úteis e afiadas em suas poderosas mãos. Eles se vão, quando são encarados.

O Senhor enxerga o simples, o pequeno, o preterido, o desprezado, ele enxerga aquele em quem ninguém acredita, e ele mesmo os resgata e os coloca em lugar de honra e poder, se esse for o seu querer. O Senhor tem nos enxergado, o Senhor tem enxergado nosso filho.

Sempre que possível ele visita a irmã biológica e passa deliciosos dias na companhia dela. Também continuamos visitando o irmão no orfanato. Isso não acontece com a frequência que gostaríamos por causa da distância, porém, os encontros são sempre cheios de alegria. É muito bom perceber o progresso que tem havido na vida do irmão dele, apesar da realidade de sua história. É bom também vê-los jogando bola juntos, brincando, lanchando, rindo e conversando bastante. Pretendemos manter esse vínculo de amor.

O irmão dele sabe que pode contar com os "tios" para qualquer necessidade grave. Sabe que existem pessoas aqui fora que o amam e que se preocupam com seu bem-estar. Sabe que continuamos sonhando com grandes coisas para a vida dele e que cremos que Deus, no tempo dele, as realizará. Sabe que cada vez que nos encontramos, conversamos e o aconselhamos, é tentando, de alguma forma, fazer com que se encha de esperança e coragem para enfrentar a vida. Ele sabe que acreditamos que ele será um homem de bem.

Ao visitarmos aquela instituição, é interessante percebermos, através do contato e dos diálogos que mantemos não somente com ele, mas com várias outras crianças e adolescentes que há anos vivem lá na mesma situação, que existem pessoas que precisam aprender a adotar a si mesmas para sobreviver. Como isso é importante!

Aquelas crianças, assim como as milhares espalhadas pelo nosso país e pelo mundo, apesar da idade e de já terem encarado desafios amargos, sabem que necessitam lutar com todas as forças para continuarem vivendo. Sabem que precisam adotar a realidade para que haja esperança de vida.

Hoje, anos depois daquele nosso primeiro encontro naquela tarde quente de primavera, em que as emoções pareciam nos sufocar, e a alegria se misturava com um assombro sem tamanho, posso dizer:

> *"Meu filho, conviver com você tem sido algo especial e precioso. A mamãe tem aprendido a cada novo dia, que nesse mundo existem milhares de coisas lindas e valiosas, uma delas, tenha absoluta certeza, é amar o perdido, o solitário, o preterido. Nossa casa ficaria completamente pálida, sem graça, sem cor, manca, incompleta se você não estivesse aqui. Não consigo imaginar nossa vida sem sua alegria, sua presença, sem sua história. Você veio como um grande e maravilhoso presente dos céus, para nos fazer mais gente, mais dependentes de Deus, mais completos e felizes. Tem valido a pena experimentar na pele a verdade de que quem sai andando e chorando enquanto semeia, certamente voltará com júbilo trazendo os seus feixes. Você tem sido um feixe viçoso e cheio de vida, que tem enchido nossa alma de vigor. A mamãe te ama! Sua família continua cada dia mais apaixonada por você! Valeu a pena esperar!!!"*

Talvez, depois de tantos capítulos, esse não fosse o final feliz que você esperava encontrar, porém, ao menos no momento, é o final que Deus tem nos levado a viver e desfrutar.

Como disse, não dá para ser tudo como gostaríamos que fosse. E só com muita fé, coragem e, em especial, revestidos com a preciosa graça de Deus, somos capazes de encarar os finais que não desejávamos. Aqueles que por razões bem claras, não consideramos felizes ou perfeitos, mas que precisam ser vividos com doçura, sem o azedume do ressentimento ou do rancor. Finais que precisam ser adotados por nós.

No entanto, existe algo mais a ser lembrado. Podemos nos dispor como instrumentos de Deus para escrever finais felizes na vida de outras pessoas.

O fato do irmão de nosso filho estar ainda hoje no orfanato choca e comove a muitos. Ele não está sozinho. Precisamos nos lembrar que milhares de outras crianças e adolescentes estão, nesse exato momento, enquanto você folheia as últimas páginas deste livro, aguardando um ato de amor, misericórdia e coragem, um ato que pode mudar a história da vida deles para sempre.

Pessoas que dependem da compaixão de outros para terem o privilégio de experimentar um final feliz, ainda que sejam aqueles mais simples e cotidianos, como um final de semana na praia, uma tarde de piscina, uma bola de sorvete acompanhada de um bom papo e boas gargalhadas. Existem aquelas que se encheriam de felicidade se, ao final do dia, pudessem desfrutar de uma cama confortável e quentinha, ou apenas o privilégio de poder usar um banheiro que não fosse comunitário. Sim, por mais difícil que seja acreditar, existem pessoas que experimentariam uma sensação enorme de felicidade se pudessem escolher para o cardápio do dia, algo que há tempos está com muita vontade de comer.

E para nossa dor, existem crianças, algumas muito novas, que se sentiriam extremamente felizes se pudessem contar com a companhia de alguém em seus momentos de enfermidades. Por manter contato com orfanato, tenho conhecido muitas crianças que enfrentam doenças graves e, internadas em hospitais, encaram noites inteiras de total solidão, pois as instituições não têm estrutura nem condições de deslocar um funcionário para acompanhá-las. Fico imaginando como essas noites devem ser frias e degradantes.

Enfim, a lista de carências pode se estender por quilômetros... há aqueles esperando por um afago, um beijo, um toque, um elogio sincero, um colo acolhedor, um olhar de aprovação, um estímulo quando tudo parece perdido. Fato é que qualquer detalhe que expresse cuidado ou um pouco de atenção é especial e importante para aquele que se vê só.

Pode ser muito desconfortável ouvir isso, mas está em nossas mãos a possibilidade de escrever um final feliz para algumas dessas crianças.

A DOce aÇÃO é para mim e pode ser para você.

Conclusão

Não sei o que você tem enfrentado. Talvez dias de lutas e dificuldades o estejam assolando, mas espero, através da minha experiência, ter sido instrumento para animá-lo, encorajá-lo e fortalecê-lo na certeza de que, no Senhor, nossa luta não é vã. Há esperança, há recompensa para nossas obras.

Sei que minha experiência é muito pequena, quase irrisória, diante das lutas gigantescas e tragédias incomuns que muitos experimentam em suas vidas. Pessoas que carregam um coração dilacerado por situações e acontecimentos que abriram chagas profundas, que apesar do tempo, insistem em continuar doendo, feridas vivas que latejam dia e noite, e provocam um incômodo constante.

Mas de uma coisa não tenho dúvidas: o mesmo Deus que nos assiste nas pequenas dificuldades, é grande o suficiente para nos socorrer com força e poder quando tudo parecer acabado, quando a vida perder seu completo sentido, quando a dor passar a impressão de que é muito maior do que podemos suportar.

Ele é Deus não somente dos pequenos, mas também dos grandes desafios. Ele é Deus que realiza o que nossos olhos duvidam, o que nossa boca não tem coragem de declarar, o que nossa mente sequer ousa sonhar. Ele é Deus, e para ele não haverá impossível.

Não tenho ideia do que o Senhor tem colocado em sua vida e que você sabe que precisa adotar. Talvez seja uma criança. Se for, faça isso com coragem e ousadia, na certeza de que ele mesmo o ajudará e capacitará em cada situação. Não haverá luta ou dificuldade que possa ser maior do que o socorro que vem do Senhor. No entanto, faça-o de maneira consciente, na certeza de que, juntamente com aquela criança/adolescente, você terá que adotar milhares de outros desafios. Não seja ingênuo ao enfrentar tal situação, contudo, não seja covarde a ponto de fugir dela.

Acho importante lembrar que ao me referir à adoção de uma pessoa, não faço alusão apenas a uma criança/adolescente sem família que precisa de um lar. Isso é muito importante, sim, mas estou falando de uma adoção bem mais ampla. A adoção de uma pessoa que não precisa necessariamente de um lugar em sua casa, mas em seu coração.

Talvez um genro ou uma nora que por não ser como você sonhava, jamais foi adotado em sua vida. Quem sabe um sogro ou uma sogra que, por muitas intrigas, nunca encontrou lugar em seu coração. Ou então a adoção pode ser necessária em sua vida no que diz respeito a um irmão ou irmã que o feriu, magoou, decepcionou, a quem há anos você sequer dirige uma palavra, um olhar, um pouco de atenção. Talvez você precise mesmo adotar seu próprio filho ou filha, que apesar de viver do seu lado, tão perto, se sente totalmente abandonado, rejeitado, preterido. Quem pode também estar precisando de adoção é seu pai ou sua mãe, que pelo fato de não ter exercido com dignidade o papel que lhe era devido e ter cometido erros e omissões que deixaram marcas profundas em sua vida, não encontra lugar em seu coração.

Enfim, talvez exista uma lista significativa de pessoas que deveriam estar bem guardadas em seu peito e que se encontram abandonadas, precisando de adoção, aceitação, acolhimento: tios, primos, sobrinhos, avós, cunhados, amigos. Gente que um dia foi importante em sua caminhada e que, por algum motivo, talvez até muito grave, tenha feito com que você os abandonasse, os rejeitasse, mesmo sabendo não ser essa a vontade de Deus.

Entretanto, como vimos, a adoção pode ser também referente a uma situação. Talvez o que precisa ser adotado em sua vida seja uma perda irreparável e cruel, que tem consumido seus dias, roubado sua alegria, sua paz, sua razão de viver, pelo fato de você não aceitá-la.

Ou então o desafio é adotar a decisão de perdoar alguém que definitivamente não merece tal compaixão. Ou ainda a adoção de uma dor, uma enfermidade na carne, uma deficiência física ou mental. Seja o que for, não tenha medo. Adote. Seja a adoção da aceitação, a adoção da transformação ou a adoção do abandono. Confie no Senhor e ele certamente o socorrerá. Mas adote com doçura, sem amarguras. Faça-o como uma doce ação de confiança e dependência.

Na obra *O Peso de Glória* (Vida, 2008), de C. S. Lewis, encontramos: "Deixando, por um momento, de considerar os meus próprios desejos, comecei a conhecer melhor o que eu realmente desejava".

Só quando nos aproximamos de Deus com intimidade e dependência, somos capazes de abrir mão dos nossos próprios desejos. E sabemos que abrir mão de um desejo próprio não é uma tarefa fácil. Porém, a beleza da dependência repousa justamente aí, pois ao nos submetermos com confiança aos planos que Deus tem para nós, ainda que contrários aos que sonhávamos, experimentaremos sua boa, agradável e perfeita vontade se cumprindo em nossa vida.

E essa vontade, além de gerar vida abundante em nós, abre os nossos olhos para que sejamos capazes de reconhecer melhor o que nossa alma de fato necessita, que muitas vezes não é nada daquilo que sonhávamos anteriormente.

Sinto-me exatamente assim com relação aos planos iniciais de adoção. Nossos sonhos eram outros, mas deixando de considerar nossos próprios desejos, ao nos submetermos aos planos de Deus, experimentamos as delícias de sua vontade se cumprindo em nossas vidas. Delícias conquistadas com luta, lágrima e busca. Porém, delícias vindas diretamente de Deus. Isso é inegável.

E quais eram nossos próprios desejos? Amar uma criança como filho. Mas queríamos adotá-la sem ter que enfrentar grandes zonas de turbulências ou períodos de tribulações. Sem ter que encarar grandes sacrifícios. E o Senhor nos levou pelo caminho que ele mesmo determinou e nos mostrou que para ele não existe fácil ou difícil, existem apenas situações que precisam ser vividas e conquistadas.

Thomas a Kempis, em sua obra *A Imitação de Cristo*, diz algo que reflete bem esse nosso sentimento:

> *"Há muitas pessoas hoje em dia que amam o reino celestial de Jesus, porém poucas que carregam sua cruz; muitas ansiando por conforto, mas poucas que suportam sofrimentos. Longa é a fila das pessoas que compartilham de seu banquete, porém curta é a fila dos que compartilham de seu jejum. Todos desejam participar do seu júbilo, mas somente uns poucos estão dispostos a sofrer por sua causa. Há muitos que seguem a Jesus até o partir do pão, poucos o fazem até o momento de beber o cálice do sofrimento. Muitos que enaltecem seus milagres, poucos que o seguem na indignidade de sua cruz".*

Assim, ao nos submetermos aos seus planos para nossas vidas, tivemos que aprender a viver tão somente sob a sombra da indignidade da cruz, experimentar o cálice do sofrimento, nos alimentar com jejuns. Que preciosa experiência!

Ele nos ensinou que depender de seus cuidados e abrir mão dos nossos próprios desejos é melhor e mais rico em recompensas do que nos aventurarmos na segurança, na razão e na estabilidade de nossos próprios projetos.

E essa lição preciosa tem sido fundamental em todas as áreas de nossas vidas, não somente com relação à adoção do nosso filho, mas por entendermos que tudo, absolutamente tudo o que sonhamos, precisa antes ser colocado diante de Deus e checado se de fato é esse o propósito que ele mesmo deseja para nossas vidas. E é dispensável dizer que quando isso não acontece, temos que amargar com o ônus da impetuosidade de nossas próprias decisões.

O desafio para cada um de nós é consultar nosso próprio coração, e se necessário for, deixar de considerar nossos próprios desejos. Adotar o que Deus tem colocado diante de nossos olhos. Adotar uma postura diferente, revestida de humildade, submissão e confiança. Experimentar depender do Senhor. Ousar ouvir a voz que fala à nossa mente e coração, e dar os passos da adoção.

Mas devemos fazê-lo com coragem. Empenhando-nos por completo em executar o que temos convicção que agradará o coração do

Senhor, pois, muitas vezes, o prejuízo de desistir será para a nossa vida ou para a vida de outros muito mais penoso e complicado do que lidar com a própria situação de adversidade e dor que estamos atravessando.

Tribulações chegam ao fim. Precisamos procurar estar com pessoas que possam dizer isso aos nossos ouvidos nas horas em que nos sentimos fracos e debilitados, naqueles momentos em que a única coisa que conseguimos enxergar é a desilusão. O tempo da angústia e escuridão vai passar, precisamos acreditar nessa verdade. No entanto, talvez para muitos o sofrimento hoje não seja o fato de ter que enfrentar um desafio, mas quem sabe essa dor tenha a ver com algo que ficou para trás, algo que deveria ter sido acolhido, adotado, encarado com coragem, determinação e fé, e naquele momento não foi assumido.

Quantas pessoas desistem! Não são poucas as que sucumbem e se entregam diante da difícil realidade que assola suas vidas em tempos de tribulação! Acredite, esse número é muito maior do que imaginamos.

Talvez exista algo em seu coração que o incomoda, ou que está roubando a sua paz, sua alegria, seu entusiasmo pela vida. Algo que você contempla hoje, e pensa: eu deveria ter suportado um pouco mais, deveria ter acolhido de forma diferente aquela situação. Quem sabe você se culpe ou se sinta arrependido por ter desistido de lutar por sua própria felicidade ou por ter se cansado de se empenhar na recuperação de um filho envolvido com algum vício. Talvez se sinta arrasada por ter desistido de levar uma gravidez adiante, por não ter tido coragem de adotar essa vida que estava se formando dentro de você. Quem sabe você se sinta cheio de culpa por não ter acolhido seu cônjuge como deveria, com fidelidade, integridade, amor sincero; ou por ter se envolvido em um relacionamento extraconjugal que trouxe prejuízos enormes e marcas profundas para você e sua família.

Talvez seu arrependimento seja o de não ter lutado por um grande e verdadeiro amor, motivado pelo orgulho ou por influência de outros, de maneira que você olha para trás e se sente completamente arrependido de não ter sido mais ousado. Ou quem sabe, sua dor aconteça em função de uma oportunidade de trabalho que você não teve coragem de encarar e que mudaria sua história hoje. Ou ainda por não ter sido perseverante o suficiente para continuar um curso, um projeto, um sonho, e vive sendo cobrado por isso.

Ao olharmos para trás, muitas vezes, frustrações e sentimentos horríveis que nos fazem sentir miseráveis, covardes, inadequados, pequenos e incapazes, invadem nosso coração. Isso normalmente acontece quando contemplamos as muitas situações em nossas vidas em que deixamos de confiar plenamente no Senhor e desistimos de lutar por aquilo que ele mesmo colocou diante de nós para que enfrentássemos e adotássemos.

Talvez sua alma esteja cheia de arrependimento e dor. A boa notícia é: o Senhor nos acolhe, nos adota, nos abraça, nos recebe exatamente como somos e estamos. Ele mesmo, por amor, toma sobre si nossas dores e enfermidades, a fim de nos devolver vida abundante e plena.

Todos erramos, todos, em algum momento de nossas vidas, precisamos reconhecer que não estamos em condições de julgar, condenar, massacrar absolutamente ninguém, tão somente porque da mesma forma, somos passíveis de erros e equívocos. E nessa hora, somente a misericórdia do Senhor pode nos socorrer e acolher.

Se você está se sentindo culpado por algo vivido em sua história, abrace o perdão do Senhor para sua vida. Coloque diante dele esse fardo pesado que lhe impede de caminhar com ousadia, que lhe priva de fazer coisas grandes e interessantes, que lhe rouba a alegria de viver com plenitude tudo que Deus tem para lhe oferecer.

Receba de graça a misericórdia de Deus sobre sua vida. Coloque-se diante dele e deixe que seu bálsamo curador seja derramado sobre você, sarando cada ferida que essas lembranças trazem. Experimente a doçura que vem do seu perdão. Chega de viver dias amargos. Aproprie-se dos benefícios e dos privilégios de ser acolhido, adotado pelo Senhor. Não se esconda mais atrás da vergonha do passado, mas caminhe corajosamente em busca de grandes e significativas realizações. Busque um tempo novo para sua vida. Disponha-se a ser usado como instrumento precioso, e assim, realizar obras que seus olhos jamais contemplaram.

Adote um novo estilo de vida. Adote uma vida plena e genuína com o Pai. Em minha opinião, aí repousa um dos mais belos mistérios da bondade de Deus. Ele nos deixa começar de novo. Ele sempre nos dá o direito de tentar novamente.

Se necessário for, corra com todas as forças atrás do perdão e adote essa solução. Procure aqueles que você sabe que machucou, feriu, desprezou ou simplesmente foi indiferente e abra seu coração. Essa atitude certamente vai romper barreiras e trazer cura e libertação.

Ao mesmo tempo, seja generoso e pronto para adotar a prática de oferecer perdão. Abra mão do orgulho, da justiça própria, dos argumentos convincentes e tão somente perdoe. Coloque sua causa nas mãos do grande Eu Sou e confie no que ele fará, e você contemplará milagres acontecendo em sua vida.

Enfim, faça o possível para tentar corrigir o que pode ser corrigido. Não se detenha somente no campo da emoção, mas transforme sua dor, seu arrependimento, seus sentimentos verdadeiros em ação. Isso, além de agradar a Deus, certamente gerará alívio, satisfação e paz em sua vida.

Em especial, é preciso aprender a não olhar para nossas dores e erros do passado somente como algo que veio para nos prejudicar, mas como um processo que, apesar de tudo, é capaz de gerar crescimento e intimidade com Deus.

Veja o que diz Malcolm Muggeridge, em sua obra *A Twentieth Century Testimony* (Um testemunho do século 20) (T. Nelson, 1978):

> *Ao contrário do que se imagina, eu olho para trás e vejo com especial satisfação as experiências que, à época, pareciam notadamente desoladoras e dolorosas. De fato, posso afirmar com toda sinceridade que tudo que aprendi em meus setenta e cinco anos de permanência neste mundo, tudo que verdadeiramente fortaleceu e iluminou minha existência, veio por intermédio da aflição e não da alegria perseguida ou alcançada. Em outras palavras, se fosse possível eliminar a aflição de nossa vida terrena, seja por meio de alguma droga seja pela medicina alternativa, o resultado não seria uma vida melhor, mas, sim, uma vida insuportavelmente banal e vulgar. Este, é claro, é o significado da cruz. E foi a cruz, mais do que qualquer outra coisa, que me levou, de forma inexorável, a Jesus Cristo.*

Pessoas de caráter nobre não almejam uma vida banal e vulgar. Por isso é preciso aprender a encarar as experiências desoladoras e dolorosas como uma grande oportunidade de nos aproximarmos da cruz e desfrutarmos de todos os benefícios que essa aproximação produz.

Olhar para as aflições do passado deve gerar em nós fé para encaramos as angústias do presente, pois muitas vezes nossa crise maior não se encontra no que ficou para trás, mas está bem diante dos nossos olhos.

Como precisamos aprender que ao atravessarmos um momento de extrema dificuldade, em que nosso coração deseja apenas desistir, o caminho mais seguro é o caminho da cruz. É colocarmos tudo diante de Deus e pedir a ele que nos ajude e carregue, pois ele sabe, como ninguém, o que é trilhar o caminho da dor, do desprezo, da solidão, da traição, da angústia, e até da própria morte. Ele nos compreenderá, nos acolherá. Adotará não somente a nós mesmos, mas cada uma de nossas angústias, medos e dores.

É certo que muitas vezes, no momento em que a dificuldade nos aflige, é preciso também procurar ajuda de outras pessoas, de profissionais, de amigos, de familiares, de conselheiros sérios. Há coisas que são pesadas demais, não podemos tentar carregá-las sozinhos. Não faz bem. É preciso aprender a dividir. É importante compartilhar, não ter vergonha de dizer que estamos no nosso limite, que nos encontramos tomados pela exaustão, que precisamos muito de ajuda. Não podemos ter medo de nos sentirmos humanos. Não há necessidade de sermos "super".

Não importa se somos pessoas sem influência alguma, ou grandes líderes; não importa se não há ninguém nos observando ou se existem centenas de pessoas que estão olhando para cada um de nossos movimentos, sempre à espera de um comportamento quase sobrenatural. É preciso esquecer tudo isso e nos lembrarmos apenas de que somos filhos. Filhos adotivos do Senhor, filhos que necessitam de cuidados especiais, filhos extremamente carentes de amor.

E assim, ao corrermos desesperados para o colo do Pai, experimentaremos, com abundância e sem reservas, o consolo incomparável, o aconchego perfeito, a companhia cheia de calor, a direção precisa, a esperança renovadora, a solução que não enxergávamos, a graça derramada, enfim, encontraremos tudo o que o Pai oferece gratuitamente para aqueles que se voltam para ele.

E o mais precioso é que para que isso aconteça, não existe nenhum mistério, basta que nos coloquemos humildemente diante de Deus e peçamos a ele, com sinceridade de coração, a orientação e o socorro. Essa atitude deve fazer parte do nosso estilo de vida, seja nas pequenas ou grandes decisões, precisamos aprender a buscar o Senhor para que a vontade dele se sobreponha à nossa.

Enfim, a experiência da adoção, encarada por minha família e eu, tem me ensinado, na prática, que sempre que nos sentirmos cansados ao extremo ou profundamente desmotivados, quando um forte desejo de desistir invadir nossa alma, ou mesmo quando tudo parecer contrário ao que planejamos e sonhamos, ainda há esperança.

Mais que isso, tenho aprendido que é justamente esse o momento de suplicar, de buscar incansavelmente e pedir ao grande Eu Sou que nos carregue, nos leve em seus braços nos momentos em que não encontramos forças sequer para caminhar. Ele bondosamente nos atende, e como Pai sensível e misericordioso que é, nos carrega quando nossos joelhos estão frágeis, debilitados, e o terreno é difícil e perigoso de trilhar. E no aconchego daquela segurança, ele não somente nos toma em seus braços de amor, mas vai, ao mesmo tempo, nos renovando, inundando nossa vida de motivação, coragem, nos equipando de absolutamente tudo que precisamos para continuar caminhando e lutando sem perder a doçura.

No tempo certo ele nos coloca novamente em pé. Depois segura nossas mãos para que comecemos a dar novamente os primeiros passos, até que consigamos caminhar sozinhos, tendo sempre a companhia infalível dele ao nosso lado. Quando menos esperamos, já estamos correndo de novo. E como se não bastasse, ele nos faz voar! O grande Eu Sou, como prova de que é realmente Deus, opera o impossível em nossas vidas; levanta-nos quando caídos, faz-nos fortes quando cansados, e nos dá asas para voar.

Ele é Deus! Ele é a essência da transformação, do milagre da renovação! É impossível não nos sentirmos consolados, fortalecidos e amados quando nos lembramos que estamos sob seus cuidados.

Ele é criativo e dedicado, e exatamente como o exímio cozinheiro, é insistente, persistente e jamais se cansa de tentar. Com a delicadeza que lhe é peculiar, vai removendo pacientemente nossas cascas endurecidas, nossas manchas e marcas; e retirando dia a dia, através de um processo que só ele é capaz de executar, todo gosto amargo que está entranhado em nosso ser, transformando-nos em obras doces e admiráveis.

É muito bom sabermos que como filhos "cítricos" estamos sob os cuidados do chef por excelência! Nas mãos dele não existe gosto amargo que não possa ser removido, ou azedume que não seja transformado em pura doçura.

Que privilégio! Que alegria termos um Pai assim, que não apenas nos transforma, nos molda, nos toca, mas também nos olha com amor eterno!

Os olhos do Senhor estão constantemente sobre nós, para nos cuidar, nos proteger, suprir nossas necessidades! Como isso nos anima e consola!

Lembro-me de uma experiência vivida com meu filho assim que chegou em nossa família. Era uma daquelas primeiras vezes em que eu o levava para brincar na pracinha em frente à nossa casa. Ele queria se divertir, aventurar-se em novas conquistas, descobrir o mundo em sua volta, fazer coisas grandes, porém, cheio de insegurança, sentia medo do novo, medo de encarar, acolher, adotar aquela situação.

Eu estava ali, sentada em um dos bancos e ele, aos poucos, ia se soltando e distanciando de mim, mas, de tempos em tempos olhava para mim e gritava:

– Mãe, você está me olhando?

– Sim, eu estou.

Assim, continuava brincando mais um tempo. E ia um pouco mais adiante. Avançava, conquistava terreno. E lentamente superava sua insegurança.

Minutos depois repetia a mesma pergunta:

– Mãe, você ainda está me olhando?

– Claro que sim. Pode ficar tranquilo que não vou tirar os olhos de você um segundo sequer.

E na segurança daquelas afirmações ele encontrava paz, e ia cada vez mais longe, conquistando coisas que aos seus olhos pareciam grandes e desafiadoras.

Mas a pergunta ainda se repetia muitas e muitas vezes. Por fim, ele sequer olhava para mim, continuava concentrado em suas descobertas e apenas gritava:

– Mãe você está me olhando, não está?

– Sim. Não tiro os olhos de você. E estou gostando muito de ver sua coragem. Continue. Não vou deixar de te olhar um único momento. Fique em paz.

Eu de fato não me dispersava um só minuto. Sabia do seu temor, da sua fragilidade, da sua inexperiência com relação a toda aquela situação. Sabia que precisava muito do meu olhar atento e cuidadoso sobre ele. Sabia que dependia de mim.

É exatamente assim a segurança que encontramos no Pai. Seu olhar está voltado dia e noite para nós. Ele se preocupa com nossas necessidades e sabe de nossas fragilidades. Seus olhos estão sobre nós. Assim, podemos nos aventurar com segurança e ousadia, pois ele não dorme, não se dispersa, não desvia de nós seu olhar cuidadoso e cheio de amor.

Tenho aprendido que, sob esse olhar, é possível viver com bravura. É possível desfrutar de paz. Sob seu olhar atento, temos segurança para enfrentar os desafios que se colocam diante de nós. Os desafios de viver uma vida de adoção, e adoção no sentido mais amplo e profundo da palavra.

Sinta-se encorajado a experimentar A DOce aÇÃO sob o olhar atento do grande Eu Sou.

Contenha o seu choro e as suas lágrimas, pois o seu sofrimento será recompensado (Jr 31.16).

Há esperança.

Contato com a autora: adoceacao@yahoo.com.br

Sobre o livro:
Formato: 16 x 23
Tipo e tamanho: Palatino Linotype 11/15
Papel: Capa - cartão 250 g/m2
Miolo - Polen Soft 70 g/m2